MARCO POLO

Reisen mit **Insider Tipps**

KARIBIK

GROSSE ANTILLEN: DOMINIKANISCHE REPUBLIK, BAHAMAS, KUBA, JAMAIKA, PUERTO RICO, CAYMAN ISLANDS

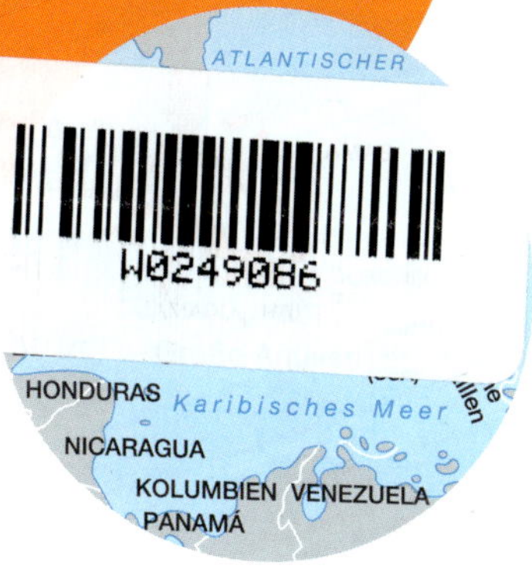

MARCO POLO Autorin
Irmeli Tonollo

Die Reiseschriftstellerin ist auf die Karibik spezialisiert und seit 1991 regelmäßig auf den Inseln unterwegs. Über Freunde kam sie auf die „West Indies", erste Reisen gingen nach Jamaika und Kuba. Am meisten reizt sie die Vielfalt der Menschen, ihre Kulturen, Sprachen und Gewohnheiten und natürlich auch die Küche: Jerk Chicken und die gut gewürzten Eintöpfe der spanischsprachigen Inseln.

www.marcopolo.de/karibik-grosse-ant

← UMSCHLAG VORN:
DIE WICHTIGSTEN HIGHLIGHTS

Die besten Insider-Tipps → S. 4

Kuba → S. 32

Cayman Islands → S. 48

Jamaika → S. 54

SYMBOLE

- INSIDER TIPP — Insider-Tipp
- ★ — Highlight
- ●●●● — Best of ...
- Schöne Aussicht
- Grün & fair: für ökologische oder faire Aspekte
- (*) kostenpflichtige Telefonnummer

PREISKATEGORIEN HOTELS

€€€	über 150 Euro
€€	85–150 Euro
€	bis 85 Euro

Die Preise gelten für ein Doppelzimmer in der Wintersaison ohne Frühstück

PREISKATEGORIEN RESTAURANTS

€€€	über 30 Euro
€€	20–30 Euro
€	bis 20 Euro

Die Preise gelten pro Person für ein Hauptgericht ohne Getränke

Dom. Republik → S. 66

Ausflüge & Touren → S. 106

Sport & Aktivitäten → S. 112

Reiseatlas → S. 138

GUT ZU WISSEN

Geschichtstabelle → S. 12
Spezialitäten → S. 26
Bücher & Filme → S. 40
Bésbol → S. 46
Ausflug nach Haiti → S. 70
Conchs → S. 99
Währungsrechner → S. 124
Was kostet wie viel? → S. 125
Wetter in Santo Domingo → S. 126

KARTEN IM BAND
(140 A1) Seitenzahlen und Koordinaten verweisen auf den Reiseatlas
(0) Ort/Adresse liegt außerhalb des Kartenausschnitts
Es sind auch die Objekte mit Koordinaten versehen, die nicht im Reiseatlas stehen
(U A1) Koordinaten für die Karten von Havanna und Santo Domingo im hinteren Umschlag

UMSCHLAG HINTEN: FALTKARTE ZUM HERAUSNEHMEN →

FALTKARTE
(A–B 2–3) verweist auf die herausnehmbare Faltkarte
(a–b 2–3) verweist auf die Zusatzkarten auf der Faltkarte

Die besten MARCO POLO Insider-Tipps

Von allen Insider-Tipps finden Sie hier die 15 besten

INSIDER TIPP **Gediegene Atmosphäre**
In der eleganten Lounge der *Casa Granda* in Santiago de Cuba haben schon berühmte Leute ihren Drink zu sich genommen – tun Sie es ihnen gleich! → S. 44

INSIDER TIPP **Klebrig süßer Mix**
Kokosnuss, Milch, Vanille und Zucker im Palmenblatt: *Cucurucho*, serviert am Strand von Baracoa auf Kuba → S. 45

INSIDER TIPP **Zu Besuch bei den Maroons**
Sie leben noch immer zurückgezogen in den Bergen Jamaikas: die Nachfahren der entflohenen, afrikanischen Sklaven in *Accompong* → S. 60

INSIDER TIPP **Bare Münze**
Einst ruhten sie in Schatztruhen versunkener Schiffe, heute sind sie begehrte Souvenirs: In Georgetown auf Grand Cayman werden echte *„Piratenmünzen"* verkauft → S. 51

INSIDER TIPP **Neoklassizismus und Art-déco**
Das historische Städtchen *San Germán* auf Puerto Rico ist ein wahres Juwel spanischer Baukunst (Foto o.) → S. 84

INSIDER TIPP **Son und Salsa**
Beschwingte Livemusik von bekannten Bands auf der Bühne der *Casa de la Música* in Kubas Hauptstadt Havanna → S. 41

INSIDER TIPP **Verwunschener Farnwald**
Der *Fern Gully* windet sich von Ocho Rios aus die Berge hinauf. Auf dem Straßenabschnitt findet sich eine Vielzahl der über 550 Farnarten Jamaikas: von winzig bis baumhoch → S. 62

INSIDER TIPP **Tanzen zwischen Stalaktiten**
Die Tropfsteinhöhle *Las Cuevas* auf einem Hügel vor dem kubanischen Kulturerbe-Städtchen Trinidad wurde in eine stimmungsvolle Disko umgewandelt → S. 38

INSIDER TIPP Voodoo-Bilder und Skulpturen

Die *Haitian Caraibes Art Gallery* im dominikanischen Las Terrenas bietet eine gute Auswahl an außergewöhnlichem Kunsthandwerk – und sogar eine hauseigene Zigarrenmarke → S. 76

INSIDER TIPP Mofongo mit Blick

Im *Adrian Tropical*, das am Malecón der dominikanischen Hauptstadt Santo Domingo liegt, treffen sich die Einheimischen zum höchstwahrscheinlich besten *Mofongo* der Insel → S. 78

INSIDER TIPP Brunch gefällig?

Das reizende Cottage-Hotel *Strawberry Hill* in Kingston verwöhnt seine Gäste nach allen Regeln der Kunst; der wundervolle Blick auf die Bucht von Kingston und die jamaikanischen Spezialitäten (wie beispielsweise *saltfish with ackee*) zum Brunch am Wochenende sind ganz besonders lohnenswert → S. 57

INSIDER TIPP Küche mit Bioanspruch

Das Restaurant *Mille Fleurs* des jamaikanischen Hotels Mocking Bird Hill in Port Antonio kocht ausschließlich mit frischen regionalen Zutaten – das schmeckt man! → S. 64

INSIDER TIPP Chinesischer Charme in San Juan

Der rote Essraum des Restaurants *Dragonfly* in Puerto Rico scheint dem Shanghai der 1930er-Jahre zu entstammen → S. 89

INSIDER TIPP Adrenalin garantiert

Auf Long Island auf den Bahamas können Sie im luxuriösen *Stella Maris Resort Club* seit mehr als 30 Jahren zur Haifütterung abtauchen (Foto u.) → S. 100

INSIDER TIPP „Hundezähne" mit 18 Löchern

Der wohl beste Golfplatz in der gesamten Karibik: *„Teeth of the Dog"* von Casa de Campo in der Dominikanischen Republik → S. 113

BEST OF ...

TOLLE ORTE ZUM NULLTARIF
Neues entdecken und den Geldbeutel schonen

SPAREN

- ***Steife Brise an der Nordküste Jamaikas***
  Wer im *Sandals Royal Plantation* sein Zimmer für mindestens sechs Tage bucht, kann umsonst an Segelausflügen mit dem Catamaran um Ocho Rios herum teilnehmen → S. 63

- ***Kunst mit Vino***
  An jedem ersten Dienstag im Monat haben *20 Kunstgallerien in der Altstadt von San Juan*, Puerto Rico, ihre Türen gratis bis spät nachts geöffnet. Wein gibt's dazu kostenlos → S. 90

- ***Staunen über Atlantis***
  Sie müssen nicht im Resort *Atlantis Paradise Island* von Nassau auf den Bahamas wohnen, um die größte Ferienanlage der ganzen Karibik zu genießen. Lobbys, Lagunen und einige Bereiche des hauseigenen Aquariums können kostenlos besichtigt werden → S. 104

- ***Einladung in der Kathedrale des Rums***
  Das *Bacardi Visitor Center* in Puerto Rico können Sie umsonst besichtigen. Zum Schluss der informativen Führung gibt es zwei Rumdrinks auf Kosten des Hauses (Foto)! → S. 90

- ***Bésbol pur***
  Den Volkssport der Kubaner können Sie oft umsonst in der *Esquina Callente* in Havanna erleben → S. 46

- ***Piratennest zum Anfassen***
  Die Erkundung der alten Seeräuberfestung *Port Royal* auf Jamaika ist kostenlos. Hier kann man sich bildlich vorstellen, wie Henry Morgan und andere Bösewichte ihr Unwesen getrieben haben ... → S. 58

- ***Merengue satt***
  Im August können Sie auf dem *Merengue Festival* in Santo Domingo am autogesperrten Malecón die heißesten Tanzkünste gratis beobachten und natürlich mittanzen → S. 119

●●●● Diese Punkte zeichnen in den folgenden Kapiteln die Best-of-Hinweise aus

TYPISCH KARIBIK

Das erleben Sie nur hier

- ***Oldtimer in Havanna***

  Die Taxifirma *Gran Car* chauffiert Sie in alten amerikanischen Straßenkreuzern zur gemütlichen Sightseeingtour durch die Hauptstadt Kubas → S. 30

- ***Halbedles von der Nordküste***

  Bernstein ist die Schmuckattraktion der Dominikanischen Republik. Ein Besuch im *Museo de Ámbar* in Puerto Plata lässt auch Erwachsenenaugen glänzen ... (Foto) → S. 70

- ***Zimmer zur Untermiete***

  In Kuba kann man für wenig Geld sogenannte *Casas Particulares* mieten, Zimmer oder Apartments mit Familienanschluss in einem authentischen kubanischen Haushalt → S. 43

- ***Süßer Absacker***

  Der Kokosnuss-Rum-Cocktail *Piña Colada* ist Puerto Ricos Nationalgetränk. Besonders gut können Sie ihn in der Bar *Rumba* in Old San Juan genießen → S. 90

- ***Der beste Rum der Welt?***

  Jamaikas *Appleton Rum*, der schon seit dem 18. Jahrhundert im Siloah Valley destilliert wird, hat begründeten Anspruch darauf. Und: je älter der Jahrgang, desto besser der Rum → S. 61

- ***Rochen kraulen***

  Die Attraktion der Cayman Islands ist *Stingray City*, ein Schnorchelgebiet, in dem man mit Rochen schwimmen und schmusen kann. Keine Angst, die Tierchen sind touristenfest! → S. 50

- ***Sause in Montego Bay***

  Zum *Reggae Sumfest* geht an der Nordküste Jamaikas Mitte Juli fünf Tage lang die Post ab. Hier sind jährlich die Reggae-Stars der ganzen Welt vertreten → S. 119

- ***In rosa Sand aalen***

  Den feinsten Sand, heißt es, haben die Bahamas. Und der *Pink Sands Beach* auf einer kleinen Insel vor Eleuthera schimmert tatsächlich in pastelligem Pink → S. 97

TYPISCH

BEST OF ...

SCHÖN, AUCH WENN ES REGNET

Aktivitäten, die Laune machen

- ***Salsa, Merengue oder Samba***
  An trüben Tagen hellen von Einheimischen geführte *Tanzkurse* auf Kuba, Puerto Rico oder der Dominikanischen Republik die Stimmung garantiert auf → S. 115

- ***Kunstvolle Verarbeitung***
  Beim *Besuch einer Zigarrenfabrik* (z.B. bei Francisco Donatien in Pinar del Río) auf Kuba können Sie sehen, wie Zigarren aus drei verschiedenen Blattlagen gerollt werden, und sich mit der edlen Rauchware zur Genüge eindecken (Foto) → S. 43

- ***Herrenhaus mit düsterer Geschichte***
  Im aufwendig renovierten *Rose Hall Great House* bei Montego Bay auf Jamaika soll die grausame Herrin noch immer ruhelos durch die Räume spuken. Regen und Sturm erhöhen den Grusel noch – trauen Sie sich in das Plantagenhaus? → S. 59

REGEN

- ***Weltkunst in einer kleinen puertorikanischen Stadt***
  Das *Museo de Arte* in Ponce, ein Meisterwerk moderner Architektur, birgt wertvollste Gemälde und Skulpturen, unter anderem von Rubens, Goya und Gainsborough, auf zwei Gallerieebenen → S. 85

- ***Tauchen, ohne nass zu werden***
  Das Tier- und Pflanzenleben des Riffs vor den Cayman Islands können Sie täglich sicher und bequem in einem *Unterseeboot* 1000 m unterm Meeresspiegel erkunden → S. 49

- ***Unter Deck zu den Piraten***
  Falls die Passatwinde mal Regen bringen, ist in Nassau auf den Bahamas ein spannender Vormittag garantiert: Im Erlebnismuseum *Pirates of Nassau* wurde ein ganzes Freibeuterschiff nachgebaut. Unter Deck warten blutrünstige Stories, Schatzkarten und Säbel der Piraten → S. 117

ENTSPANNT ZURÜCKLEHNEN

Durchatmen, genießen und verwöhnen lassen

ENTSPANNT

Chillen an der Adlerbucht

Lassen Sie sich von Barahona aus an die *Bahia de las Águilas* schippern. Der einsame Traumstrand mit türkisblauem Wasser ist nur per Boot zu erreichen – dadurch ist Ruhe garantiert → S. 68

Sonnengruß, Heldenstellung und herabschauender Hund

Im rustikal gehaltenen *Negril Yoga Centre* auf Jamaika können Sie die gemütliche Atmosphäre genießen und bei einer Yogastunde wieder in sich kehren → S. 61

Mit Delphinen schwimmen

Der nahe Kontakt mit Delphinen wie er auf mehreren Inseln der Bahamas angeboten wird, berührt viele Menschen sehr stark. Bei *Wildquest* auf Bimini wird aus gefühlsbetontem Schwimmen mit freilebenden Delphinen ein einzigartiges, für manche ein fast spirituelles Erlebnis → S. 96

Das Leben ist ein langer ruhiger Fluss

Auf einem Bambusfloß mit eigenem Chauffeur können Sie den *Rio Grande* bei Port Antonio in Jamaika hinunter gleiten, an einem Drink nippen und mal kurz zum Baden „aussteigen“ → S. 64

Sonnenuntergang mit Hafenblick

Von der *Dachbar des Hotels Milano* in San Juan lassen Sie den Tag mit einem kühlen Cocktail und dem Blick auf die dockenden Kreuzfahrtschiffe im Hafen gemütlich ausklingen → S. 90

Spaziergang durch den Palmenhain

Der Bilderbuchstrand von Las Terrenas in der Dominikanische Republik, der sichelförmigen *Playa Bonita*, lädt zu einem gemütlichen Bummel am Nachmittag ein (Foto) → S. 76

Mit Skipper und Maat

Lehnen Sie sich zurück und lassen Sie sich vor der Halbinsel *Varadero* im endlosen Blau an palmengesäumten Stränden und Buchten vorbei segeln. Sonne, Brise und frischen Fisch gibt's garantiert → S. 46

AUFTAKT

ENTDECKEN SIE DIE KARIBIK!

Immerwährende Sonne, grün und blau schimmernde Gewässer, weiße Pudersandstrände, mit Zuckerrohr bepflanzte Hügel und dichte Regenwälder – all das haben die größeren Inseln der nördlichen Karibik gemein. Kulturell teilen sich die Großen Antillen in mehrere Nationen: Kuba, die Dominikanische Republik und Puerto Rico sind so spanisch wie die Konquistadoren sie nach ihrer Entdeckung vor 500 Jahren geprägt haben, wenngleich Puerto Rico seit Ende des 19. Jhs. zu den USA gehört. Jamaika und die Cayman Islands zählen zum englischen Sprachraum – ebenso wie die geografisch eigentlich nicht zur Karibik gehörenden Bahamas –, während in Haiti Französisch gesprochen wird.

Für alle Inseln der Großen Antillen wie für die Bahamas hat der Tourismus eine wichtige wirtschaftliche Bedeutung. Vor allem in Küstennähe gibt es große Hotelanlagen, ganze Urlaubspackages werden mitsamt Flug, Verpflegung und Unterhaltung oft zu Dumpingpreisen angeboten – ein nicht ausschließlich wünschenswerter Trend, der sich aus den USA hierher verbreitet hat. Daneben gibt es aber auch kleine, exklu-

Bild: Cayo Largo del Sur

sive Hotels und preisgünstigere Guesthouses. Besonders Segler, Taucher und Surfer, Bergwanderer und Golfspieler werden begeistert sein vom vielfältigen Angebot auf den einzelnen Inseln. Auch im Wellnessbereich liegen die Antillen voll im Trend. Luxuriöse Packungen und Scrubs, entspannende Massagen, Aromatherapien und nicht zuletzt Yoga und Pilates haben sich ihren Weg in die Spas der besseren Hotels gebahnt. Wer sich für Architektur interessiert, wird die Kolonialbauten der Altstädte bestaunen, deren etwas heruntergekommene Originalität mit gotischen Rundbögen und maurischen Säulen Sie in die Tage der Eroberer zurückversetzen wird. Auch die Überreste alter Zuckerrohrplantagen mit ihren einstmals prächtigen Herrenhäusern und Steinmühlen lohnen einen Besuch. Vom Piratenfieber können Sie sich in den Ruinen von Port Royal, der alten Freibeuterkapitale Jamaikas, mitreißen lassen.

Die Menschen, die auf all diesen Inseln leben, bilden ein buntes Völkergemisch: Hier finden sich die Nachfahren der afrikanischen Sklaven, der Einwanderer aus fast allen Ländern Europas, chinesischer, indischer und arabischer Geschäftsleute, von Süd- und Nordamerikanern und den ersten indianischen Einwohnern der Inseln. Religiöse, soziale, kulturelle oder politische Barrieren sind selten. Vielmehr respektiert man sich, und die Menschen aus ursprünglich unterschiedlichen Kulturen passen sich an, zumindest sprachlich: Der chinesische Händler spricht genauso Patois, die melodiöse Sprache Jamaikas, wie der seine Dreadlocks schüttelnde DJ oder die indische Krankenschwester. Viele Muslime gehen in die Kirche, wenn es keine Moschee gibt: Gottesdienst ist eben Gottesdienst. Gerade auf den englischspra-

Tolerantes Völkergemisch und karibische Lebenslust – selbst in der Kirche

ab 1000 v. Chr.
Erste Siedler: Arawaken und Kariben aus Südamerika

1492–94
Kolumbus landet 1492 auf Guanahani (vermutlich San Salvador, Bahamas); Entdeckung der Großen Antillen

16.–17. Jh.
Piraten treiben ihr Unwesen

1629
Die Bahamas werden von England annektiert und ab 1648 besiedelt

17.–18. Jh.
Engländer, Franzosen, Holländer und Dänen machen den Spaniern viele der Großen Antillen streitig

Kitsch und Kunst in Kuba: Plaza de Armas in der Altstadt von Havanna

chigen Inseln ist oft eine heitere Frömmigkeit anzutreffen. Drohende Moralpredigten des Pastors wechseln sich dort mit gut gelauntem Gospelgesang der Gemeinde ab – eher eine Party als eine ehrfürchtige Andacht. Die beständige Brise der Passatwinde hält das subtropische Klima der Inseln auf angenehmen 28–29° C. Das hat wohl die Lebenslust der Menschen aller karibischen Nationen so legendär gemacht: in jeder Lebenslage wird getanzt, Musik gemacht, gelacht und ausgiebig gefeiert.

Kuba (114 524 km^2) und Hispaniola (76 484 km^2), die Insel, die in Haiti und die Dominikanischen Republik geteilt ist, sind sich landschaftlich ähnlich. Beide Inseln sind geprägt durch eine Vielfalt aus sanft gewellten Gebirgen, kegelförmigen Bergen, Seen und Wasserfällen, Flussmündungen, Palmenhainen, Reis- und Zuckerrohrfeldern und haben dank ihrer Regenwälder eine üppige Vegetation. In Puerto Rico (8897 km^2) zieht sich die Cordillera Central in einer Berg- und Taltour quer durch die Insel. Entlang ihrem Rücken liegen moosbewachsene Hügel, Urwald breitet sich an manchen Stellen aus, tiefe Schluchten lassen grandiose Blicke auf das Meer zu.

Üppige Vegetation auf Kuba und Hispaniola

1783 Nach dem amerikanischen Unabhängigkeitskrieg siedeln Loyalisten mit ihren Sklaven auf den Bahamas

1804 Unabhängigkeit Haitis

1814/15 Verträge von Paris: Kuba, Puerto Rico und der Osten Hispaniolas bleiben spanisch, Jamaika und die Cayman Islands britisch

1834–63 Briten, Franzosen und Holländer heben die Sklaverei auf

1898 Puerto Rico und Kuba gehen von Spanien an die USA

Mit dem El Yunque Rain Forest besitzt Puerto Rico den einzigen tropischen Regenwald der USA. Auf den weiten Ebenen im Tal prägen Ananasfelder das Landschaftsbild.

Jamaikas Hinterland – die Insel ist 10 991 km^2 groß – wird beherrscht vom zerklüfteten Cockpit Country und von dem großteils bewaldeten Gebirgsmassiv Blue Mountains. Zuckerplantagen und Bananenhaine ziehen sich entlang der hügeligen Ebenen Richtung Küste. Nur die Cayman Islands (259 km^2) und die Inseln der Bahamas (13 939 km^2) sind flach und haben ein arides Klima. Hier wachsen Kakteen und Dornsträucher, Mangrovensümpfe säumen die Küsten. Die Naturparks beider Inselfamilien liegen eher unter Wasser: mit Sea Parks, Korallenriffen und Schiffswracks. Das subtropische Klima der Karibik sorgt im Sommer und Herbst für die meisten Niederschläge, obwohl sich die Temperaturen im Vergleich zu denen des Winters kaum ändern. Während dieser feuchtwarmen Regenzeit streifen immer wieder Hurrikane auf ihrem Weg Richtung Mittel- oder Nordamerika die Inseln. Die Einwohner tragen diese Naturphänomene mit Fassung: „It's just the weather" heißt es dann lakonisch bei einer Hurricanewarnung. Fast routinemäßig werden Fenster und Türen verrammelt, und am Tag nach dem Sturm beginnen sogleich die Aufräumarbeiten. Allerdings steigt seit Jahren der Anteil schwerer Wirbelstürme – vermutlich im Zusammenhang mit der globalen Erwärmung.

Auf den Cayman Islands und den Bahamas liegen die Naturparks unter Wasser

Historische Gemeinsamkeiten der Großen Antillen und der Bahamas sind ihre „Entdeckung" im 15. Jh., die Ausrottung ihrer indianischen Bewohner und die Sklavenhaltung, die den Inseln die Zuckerproduktion ermöglichte. Nachdem Kolumbus die Inseln in Besitz genommen hatte, blieben sie als Stützpunkte auf der Route zwischen Europa und dem amerikanischen Festland in spanischer Hand. Die reichen Silberfunde in Mittel- und Südamerika mussten in die Alte Welt befördert werden, und die Häfen von Havanna und San Juan boten Schutz vor den Engländern.

Auf Hispaniola fand man Gold, das Glücksritter und Seeräuber anlockte. Schon im 17. Jh. kam Jamaika unter die Herrschaft der englischen Krone. Bei früheren Angriffen der Engländer war den Spaniern eine Anzahl afrikanischer Sklaven entkommen.

1953–59 Revolution in Kuba und Machtübernahme Castros

1958–62 Unabhängigkeit Jamaikas

1962 Kubakrise zwischen den USA und der UdSSR

1973 Unabhängigkeit der Bahamas

2008 Fidel Castros Bruder Raúl wird neuer kubanischer Staatschef

2010 Eines der weltweit schwersten Erdbeben erschüttert Haiti: Mehr als 1 Mio. Menschen sind betroffen

Viel Arbeit für den blauen Dunst: Am Anfang steht das Tabakblatt

Diese Maroons genannten Flüchtlinge verbargen sich im Landesinneren und führten immer wieder Kleinkriege gegen die Herren der Insel. Noch heute leben ihre Nachfahren im Cockpit Country. Anfang des 19. Jhs. setzte die Blütezeit der Inseln mit dem Zuckerhandel ein. Der immense Reichtum kam freilich nur den Zuckerbaronen, einer kleinen Gruppe von Großgrundbesitzern, zugute. Als in den 1920er-Jahren der Zuckerpreis weltweit rapide fiel, verbreiteten sich Armut und soziale Not. Auf Kuba und Hispaniola entluden sich die Spannungen in Unruhen, deren Unterdrückung es Diktatoren leicht machte, auf den Präsidentensessel zu kommen. Jamaika entwickelte sich in dieser Zeit zum Auswanderungsland. Viele Jamaikaner gingen nach Großbritannien, dessen Staatsbürgerschaft sie besaßen. Hispaniola ist zur Demokratie zurückgekehrt. Während die Dominikanische Republik mit Erfolg auf Massentourismus setzt, kämpft Haiti noch mit bitterer Armut. Kuba hat sich seines Diktators mit Hilfe der Revolution Fidel Castros entledigt.

Mit dem Fall der Zuckerpreise kam der Wandel

Erst seit den 1970er-Jahren haben die Großen Antillen und die Bahamas ihr Potenzial als Reiseziel entdeckt und genutzt. Seitdem boomt der Tourismus und ist für viele der Inseln die Einnahmequelle Nummer eins. Packages, Individualreisen und Kreuzfahrten stehen bei allen Reiseveranstaltern im Programm, von luxuriös bis low budget. Immer mehr Hotels verpflichten sich zum „grünen Tourismus", der Umwelt, Gesellschaft und Kultur der Region berücksichtigt. Dabei ist Jamaika Vorreiter der Bewegung: „Green Globe" (www.greenglobe.com), eine Organisation, die für ökologische Standards im Tourismus eintritt, hat der Insel schon für 10 Hotels einen „grünen Globus" verliehen.

IM TREND

1 Ultralounging

Ausgehen Die Lounge des *Water & Beach Club Hotels (2 Tartak Street | Isla Verde)* auf Puerto Rico sorgt für Tiefenentspannung unterm Sternenhimmel. Die Signiture Cocktails des *Mist* sind legendär. Serviert werden auch karibische Tapas. Ebenso chic sind die Daybeds des *Aura Beach House (Juan Dolio | Dominikanische Republik)*. Weiße Polster und helles Holz sind hier die pure Kulisse für den Urlaub. Nachts wird es mit vielen Kerzen sehr romantisch.

2 Chic 'n Irie

Mode Farbenfrohe Shirts sind das Markenzeichen des jamaikanischen Labels *Cooya Mia (www.cooya.com) (Foto)*, in dessen Kollektionen sich stets die typischen Rastafarben finden. Was sonst noch los ist auf der Karibikinsel, zeigt sich bei der *Caribbean Fashion Week (www.caribbeanfashionweek.com)*. Selbst auf Kuba lässt sich ein Modeschnäppchen machen. Im *La Maison (Calle 16, 701 | Havanna)* finden regelmäßig Modeschauen statt und geshoppt werden kann natürlich auch.

3 Ein Spaziergang

Unter Wasser Auch ohne Tauchschein können Sie auf Tauchstation gehen. Hinter dem Namen *Aqua-Nautas* steckt ein Tauchhelm, der von der Oberfläche mit Sauerstoff versorgt wird und auch stets mit einer Plattform verbunden bleibt. Nach einer kurzen Einweisung geht es los – mit *SeaVis (Calle Eladia 4 | Dominikanische Republik) (Foto)* oder *Stuart Cove (www.stuartcove.com | Bahamas)*. Dort trägt der Unterwasserspaziergang den Namen „Walk with Sharks". Mit *Divetech (Grand Cayman | www.divetech.com)* überholen Sie auch Raubfische. Der Tauchscooter bringt Sie schnell voran.

Auf den Großen Antillen gibt es viel Neues zu entdecken. Das Spannendste auf dieser Seite

Schöner schlafen

4

Eco-Resorts In Verzicht müssen sich die Gäste der luxuriösen *Tiamo Lodge* auf South Andros *(Bahamas | www.tiamoresorts.com)* nicht üben. Die Eco-Lodge generiert ihren Strom nur mit der Sonne, der Ventilator surrt bei Bedarf trotzdem. Auch soziale Verantwortung übernimmt das Hotel und bildet Jugendliche aus der Region aus. An Jamaikas Südküste ist das *Jakes (Treasure Beach | www.jakeshotel.com)* die erste Anlaufstelle. Die 26 Zimmer der Unterkunft kommen größtenteils ebenfalls ohne Klimaanlage und Fernseher aus. Wem das noch nicht zum Erholen reicht, der bucht eine Behandlung im traumhaften Spa mit Meerblick. Eine preisgünstigere Alternative ist das *Retreat At Lookout (Bodden Town | Grand Cayman | www.retreatatlookout.com)*, wo sogar das Gemüse selbst angebaut wird. Auf Puerto Rico zieht es die Urlauber in das spektakulär designte und nachhaltige *Hix Island House (Vieques | www.hixislandhouse.com)*.

Schwimmend

5

Aktiv Schwimm- statt Badeurlaub – Langstreckenschwimmen liegt im Trend. Kein Wunder bei ozeanischen Sehenswürdigkeiten wie *Dean's Blue Hole* westlich von Clarence Town *(Bahamas)* oder der *Bioluminescent Bay* vor Vieques *(Puerto Rico)*, wo Millionen von Einzellern das Wasser zum Leuchten bringen. *Swimtrek (www.swimtrek.com)* veranstaltet in der gesamten Karibik mehrtägige Schwimmreisen. Wer lieber zusieht, sollte sich den *Flower Sea Swim (Grand Cayman | www.flowersseaswim.com) (Foto)* vormerken. Bei dem Wettbewerb über eine Meile stürzen sich Schwimmer aller Niveaus in die türkisen Fluten.

STICHWORTE

ARCHITEKTUR

Pastellfarbene Holzhäuschen, die sogenannten „Gingerbreadhouses", finden sich überall in der Karibik, egal ob auf den englisch-, französisch- oder spanischsprachigen Inseln. Daneben gibt es die Prachtbauten der Kolonialherren: Stadtpalazzi im spanischen Stil des 16. und 17. Jhs., mit kunstvoll verzierten Arkaden, Säulen, Balkonen und verwunschenen Innenhöfen, sind vor allem in den Altstädten von Havanna, Santo Domingo und San Juan zu finden. Sehenswert sind auch die Herrenhäuser der Zucker- und Kaffeeplantagen.

DIKTATOREN

In der jüngeren Vergangenheit der Großen Antillen gibt es einige Namen, die den Bewohnern der Inseln noch heute kalte Schauer den Rücken hinunterlaufen lassen. Die Dominikanische Republik, Haiti und Kuba haben unter Diktatoren gelitten, wie sie die Welt nur selten gekannt hat: Fulgencio E. Batista auf Kuba, Rafael Leonidas Trujillo y Molina in der Dominikanischen Republik und die Duvaliers – „Papa Doc" und „Baby Doc" – auf Haiti herrschten über ihre Völker mit Gewalt, Unterdrückung und Folter, ihre Regierungen zeichneten sich durch Korruption und Verschwendung aus. Freiwillig verließen sie den Präsidentenstuhl nie, sie wurden entweder durch Revolutionen aus dem Land gejagt oder fielen Attentaten zum Opfer. Vergessen hat man sie aber bis heute nicht.

Bild: Parque Central mit der Kirche San Felipe in Puerto Plata, Dominikanische Republik

Geschichte und Kultur auf den Inseln sind so vielfältig wie die Natur über und unter Wasser – ein paar Begriffe zum Kennenlernen

FAUNA

Die karibischen Inseln und die Bahamas sind Tummelplätze für Vogelkundler, Insektenliebhaber und alle, die sich für die Unterwasserwelt interessieren. Kolibris schwirren von Blüte zu Blüte, in den Wäldern leben seltene Papageienarten (wie die Puerto-Rico-Amazone, der grüne Papagei La Cotica in der Dominikanischen Republik oder der Tocororo auf Kuba). Aber auch Flamingos, Reiher und andere Wasservogelarten kommen in Sumpfgebieten und in Küstennähe vor. Krokodile, Wasserschildkröten und Leguane sind neben Schlangen die am häufigsten vertretenen Reptilien, und Korallenriffe bieten Lebensraum für die unterschiedlichsten Tropenfische. Oft zu beobachten sind auch Wale, Delphine und Manatis (Seekühe). Zu den Landsäugetieren gehören eher die kleineren Spezies wie Fledermäuse, Mungos und Baumratten.

FLORA

In den Regenwäldern der Inseln vulkanischen Ursprungs wachsen tropische

Pflanzen verschiedenster Art. Farne, Bromelien, Palmen, Philodendren, Bambus, Orchideen und Epiphyten – Pflanzen, die auf anderen Pflanzen wachsen, sich aber selbstständig ernähren – sind nur einige der immergrünen Vertreter. In den Gärten und Parks blühen je nach Saison leuchtend rote Flamboyantbäume, gelbe und violette Bougainvilleen, Frangipani (Westindischer Jasmin) und Hibiskus. In der Landwirtschaft werden Nutzpflanzen wie Bananen, Kaffee, Kakao, Brotfrucht, Mango, Zuckerrohr und Ananas angebaut sowie alle erdenklichen Gewürze (Muskat, Ingwer, Nelken, Zimt, Chili, Tamarinde u. a.). Auf den Cayman Islands finden sich unter anderem Mahagonibäume, Bromelien und verschiedene Orchideenarten.

HAITI

Haiti gehört zu den ärmsten Ländern der westlichen Hemisphäre. 75 Prozent aller Menschen dort leben unter der absoluten Armutsgrenze. Nicht nur politische Unruhen, bei denen Korruption, Angst und Gewalt im Vordergrund stehen, auch die klimatischen Bedingungen (zwei Regenzeiten im Jahr, Hurrikane, Erdbeben) ermöglichen der Landbevölkerung kaum ein Überleben. Im Januar 2010 ereignete sich auf Haiti ein schweres Erdbeben, das die Krisenregion an den Rand des völligen Zusammenbruchs brachte. 300 000 Menschen starben bei dem Beben, über 1,2 Mio wurden – teils dauerhaft – obdachlos. Die Hauptstadt Port-au-Prince lag in Trümmern, die innere Sicherheit des Landes brach zusammen. Weder die Politik, noch der Katastrophenschutz oder das Gesundheitssystem waren auf einen solchen Fall vorbereitet. Zwar begannen bereits kurz nach dem Beben internationale Hilfsmaßnahmen. Doch ein Touristenziel wird Haiti auf lange Zeit nicht sein. Es wird aus diesem Grund im Regionenteil dieses Reiseführers nicht beschrieben.

HAMACA

So lautet die indianische Bezeichnung für eine Hängematte, die zwischen zwei Bäumen aufgehängt wird. Der indianische Name ist mit dem Gegenstand zusammen von Seeleuten nach Europa gebracht worden, im Englischen ist daraus hammock geworden. Die Deutschen haben daraus das nahe liegende Wort „Hängematte" gemacht, so dass der Ursprung kaum noch zu erahnen ist.

INDIANER

Indianer heißen sie nur aufgrund eines Missverständnisses. Kolumbus, der einen westlichen Seeweg nach Indien suchte, glaubte in den karibischen Inseln einen Indien vorgelagerten Archipel entdeckt zu haben. Folgerichtig mussten die Bewohner der Inseln Inder sein. Noch heute haben Engländer und Amerikaner keine unterschiedlichen Bezeichnungen für die Bewohner Indiens und die Ureinwohner der Neuen Welt, weshalb sie zu der Verdeutlichung „Red Indians" für die Prärieindianer genötigt sind. Die Indianer, die Kolumbus und seine Nachfolger auf den Inseln der Großen Antillen vorfanden, waren aus Südamerika über die Inseln der Kleinen Antillen eingewandert. Siboney, Arawaken und zu deren Stamm gehörende Taino wurden von den Spaniern gnadenlos als Heiden verfolgt, versklavt und in den Minen und auf den Plantagen als Zwangsarbeiter missbraucht. Da sie zudem kaum über Widerstandskräfte gegen die eingeschleppten europäischen Krankheiten verfügten, starben sie bald, und ihr Bevölkerungsanteil auf den Inseln verringerte sich stark.

JESUITEN

Die Jesuiten waren bis zum Verbot ihres Ordens im 18. Jh. in den spanischen Kolonien eine wichtige gesellschaftliche Institution. Ihnen oblag nicht nur die geistliche Betreuung der Kolonisatoren – oft waren die Beichtväter der Gouverneure und ihrer Familien Jesuiten –, in ihren Händen lag meist auch das Erziehungssystem auf den Inseln. Von ihrer Macht und ihrem Reichtum zeugen noch heute Sakralbauten auf Kuba und in der Dominikanischen Republik.

KOLUMBUS

Christoph Kolumbus war der erste europäische Tourist in der Karibik. Heute wissen die Lokalpatrioten auf jeder Antilleninsel stolz zu berichten, wann und auf welcher seiner Reisen Colón (so die spanische Fassung seines Namens) sie entdeckt oder gesichtet habe. Historisch gesichert ist das keineswegs – das Bordbuch, die Augenzeugenberichte und die Karten des Entdeckerzeitalters sind nicht immer zuverlässige Quellen.

KORALLEN

Die grandiose Unterwasserwelt der Karibik besteht, ganz prosaisch, aus den Kalkskeletten der Korallenpolypen. Die höchstens 1 cm langen Tierchen errichten Schicht für Schicht die größten von Lebewesen geschaffenen Bauwerke der Erde, die Riffe. Dazu benötigen sie konstante Wassertemperaturen zwischen 20 und 30 Grad, viel Licht und vor allem Zeit. Durchschnittlich 1 cm im Jahr wachsen die Formationen durch Kalkablagerungen der Polypen. Eines der eindrucksvollsten Korallenriffe der Bahamas hat sich an der Ostküste der Insel Andros entwickelt.

LIMBO

Wenn Sie mutig sind, versuchen Sie sich einmal an dieser akrobatischen Tanzübung, die zu den beliebtesten Touristen-

Korallenriffe mit ihrer reichen Farben- und Formenwelt sind faszinierend

attraktionen der Großen Antillen gehört. Mit weit zurückgelegtem Oberkörper winden sich die Tänzer unter einer Latte hindurch, die nach jedem Durchgang etwas tiefer gelegt wird. Der Tanz geht ursprünglich auf alte, in Afrika wurzelnde Rituale zurück.

MUSIK

Von den Großen Antillen aus haben viele Musikrichtungen und Tänze die Welt erobert: Aus Puerto Rico stammt die Salsa, aus Kuba kommen die Rumba, der Cha-Cha-Cha und auch der Son. Von Congas und Rasseln begleitet, wird Son, der aus dem Spanischen übersetzt „Klang" heißt, in authentischen Bars auf Kuba zum Besten gegeben. Aus Jamaika stammen Ska, Reggae, Soca und das was als Calypso bekannt geworden ist. Schon nachmittags werden riesige Soundsysteme in Kneipen und Straßen aufgebaut, wenn es abends eine Dancehall Session geben soll. Dann werden Ragamuffin-, Reggaeton- und Dancehall-Scheiben von DJs live gemixt und mit spontanen Wortspielen, Breaks und Rewinds als wahres Tongewitter zum Besten gegeben. In der Dominikanischen Republik ist schließlich der Merengue zu Hause. So unterschiedlich diese Musikrichtungen auch sein mögen, sie haben unverkennbar Gemeinsamkeiten: In ihnen mischen sich auf immer neue Art afrikanische Rhythmen mit europäischen Traditionen, oft mit einem kräftigen Schuss nordamerikanischer Popmusik versetzt.

RASTAFARIANS

Sie leben auch in europäischen und nordamerikanischen Metropolen: die Rastafarians mit ihren langen, in verfilzten Dreadlocks herabhängenden Haaren. Und ihre Musik, der Reggae, ist um die Welt gegangen, gespielt von großen Stars der Popmusik wie Bob Marley und den Wailers oder Peter Tosh. Aber entstanden ist ihre Religion auf Jamaika, aus Jamaika stammt der Reggae, hier ringelten sich die Dreadlocks zuerst.
Der Begriff „Babylon" fasst für die Rastafarians alles Weltliche, Verdorbene und Sündige zusammen, den Staat und die etablierte Kirche, kurz alles und jeden, das oder der nicht dem allein selig machenden Glauben an Haile Selassie Ras Tafari, den „Löwen von Juda" und einstigen Kaiser von Äthiopien, angehört.

SKLAVEN

Da die Indianer sich den Belastungen durch die Zwangsarbeit für die Kolonialherren kaum gewachsen zeigten, kamen die Europäer in der Karibik bald auf die Idee, Sklaven aus Afrika zu importieren. Die dort gekaufte oder geraubte „Menschenware" musste nach der schreckensvollen Atlantiküberquerung auf den Zuckerrohrplantagen unter furchtbaren Bedingungen arbeiten. Ihre Besitzer waren üblicherweise nur daran interessiert, den Anschaffungspreis möglichst schnell in Form von Arbeitsleistung wieder hereinzuholen. So betrug die Lebenserwartung eines Sklaven nach seiner Ankunft auf der Plantage nur zehn Jahre, dann wurde Ersatz gekauft. Es entstand ein ungeheurer Bedarf an Sklaven: Im Zeitraum von 1518 bis 1870 wurden schätzungsweise über 15 Mio. Afrikaner in die Neue Welt verschleppt.

TORTUGAS

In der ganzen Karibik verstreut liegen Inseln, die den spanischen Namen Isla de las Tortugas tragen oder trugen: Schildkröteninsel. Manchmal erinnerte einen der Entdecker die Form der aus dem Wasser ragenden Landmasse an den Panzer einer Schildkröte, manchmal befanden sich an den Stränden unzählige Meeresschildkröten bei der

Eiablage. Diese Tiere und ihre Gelege waren willkommene Ergänzungen der eintönigen Bordverpflegung. Da sich ihr Bestand in den letzten 10 Jahren weltweit um 80 Prozent verringert hat, wurden sie vom Washingtoner Artenschutzabkommen unter Naturschutz gestellt.

Züge afrikanischer Gottheiten als auch die christlicher Heiliger, der Madonna oder der Erzengel.

ZUCKER

Der Zucker regierte für lange Zeit das politische und soziale Leben auf den Großen Antillen. Die Inhaber der großen Plantagen lebten meist in ihren Heimatländern und ließen ihre Besitztümer von Verwaltern führen. Die Gesetzgebung aber kam aus Spanien, England oder Frankreich und hatte mit den Bedürfnissen der Plantagenarbeiter oft wenig gemein. Reichtum und Macht lagen in den Händen weniger Familien, geschaffen von afrikanischen Sklaven, deren Gesundheit und oft genug Leben dem Luxus ihrer Herrschaften zum Opfer fiel. Erst der Anbau von Zuckerrüben in Europa brachte dem Plantagenwesen in der Karibik, und damit auch der Sklaverei, den Niedergang.

Nächtlicher Voodoo-Tanz in der Dominikanischen Republik

VOODOO

Wie auf fast allen Inseln der Karibik haben sich auch auf den Großen Antillen afroamerikanische Religionen herausgebildet. In ihnen ist der Geisterglaube der afrikanischen Sklaven eine enge Verbindung mit dem Christentum eingegangen. Am bekanntesten ist die haitianische Form, die als Voodoo oder Vaudau bezeichnet wird. Bei allen Formen ist der Glaube an mächtige Geister verbreitet, verbunden mit der Hoffnung, diese durch die Fürsprache eines Zauberkundigen zu eigenen Gunsten zu beeinflussen. Diese Geister tragen sowohl

ESSEN & TRINKEN

Essen auf den Großen Antillen, das birgt in sich Gegensätze, wie sie sich größer kaum denken lassen.

So unterschiedlich wie Ihre Bewohner, so unterschiedlich sind auch Rezepte und Zutaten der karibischen Küche. Grundlage für alle Inseln bietet natürlich das Meer. Frischen Fisch und Meeresfrüchte findet man in jedem Haushalt und auf allen Speisekarten. Ebenso ist die üppige Vegetation der Inseln Basis für frisches Obst und Gemüse in allen Variationen. Wenn Sie die Gelegenheit haben, einheimisches Rind-, Ziegenfleisch oder Hähnchen zu probieren, werden Sie den Unterschied im Geschmack und in der Konsistenz zu industriell verarbeitetem Fleisch bemerken. Hinzu kommen frische Kräuter und Gewürze aus allen Küchen der Welt. Alle Einwanderer der Karibik haben Elemente aus ihrer Kultur mitgebracht: scharf gewürzte Currys, Pökelfleisch oder Stockfisch, Teigtaschen mit Füllung, honigglasierte Grillhähnchen, ja inzwischen halten sogar Satéspießchen, Gazpacho, Sushi und Tapas Einzug auf den Speisekarten vieler Restaurants. Daneben gibt es natürlich auch Fastfood amerikanischer Herkunft: auf allen Inseln (bis auf Kuba) findet man Burger King, Wendys oder McDonald´s-Filialen. Die kreolische Küche jedoch ist ein kulinarisches Erlebnis und auf allen Inseln ähnlich. Wenn Sie Langusten und Garnelen, Thunfisch und Brassen schätzen: Fisch und Meeresgetier, frisch gefangen, stehen fast immer auf der Speisekarte. Und als Beilagen gibt es tropische Ge-

Bild: Seafood Suppe mit Muscheln

Inspiriert von vielen unterschiedlichen Kochtraditionen steht vor allem frischer Fisch auf den Speisekarten der Karibikinseln

müse- und Obstarten, die zu Hause oft überhaupt nicht oder nur zu hohen Preisen erhältlich sind, wie Kochbanane und Brotfrucht, Cassava und Yams. Und mit den Gewürzen geht es weiter: Auf den Großen Antillen wird gern scharf gegessen und kräftig gewürzt, in vielen Gerichten findet man Zwiebeln, Chili, Knoblauch, Paprika, Ingwer, Muskat oder Piment.

Und dennoch unterscheiden sich die Inseln in ihrer Küche voneinander. Das kommt sehr gut bei den beliebtesten Gerichten zum Ausdruck, die von Insel zu Insel verschieden sind. Die Küchen Puerto Ricos, der Dominikanischen Republik und Kubas weisen mehr Gemeinsamkeiten auf – hier zeigt sich das spanische Erbe. Beliebte kubanische Gerichte sind *moros y cristianos* (Mohren und Christen), ein Reisgemisch mit Bohnen, und der Rinderhackbraten *picadillo*. Jamaikas „Nationalgerichte" sind *jerk chicken* oder *jerk pork, saltfish with ackee* und, für zwischendurch, *patties*. In der Dominikanischen Republik empfehlen sich der Eintopf *sancocho* und das Reisgericht *la*

SPEZIALITÄTEN

▶ **ajiaco** – Fleischstew mit Süßkartoffeln und anderem Gemüse
▶ **asopao** – Reisgericht mit Fleisch, Fisch oder Meeresfrüchten
▶ **bacalao** – getrockneter und gesalzener Kabeljau (Stockfisch)
▶ **la bandera** – Reiseintopf mit Bohnen und geschmortem Fleisch
▶ **boil fish** – Fischsuppe mit Pökelfleisch, Zwiebeln und Chilis
▶ **cerdo asado** – geröstetes Schweinefleisch, oft mit Orangensauce
▶ **chicharrones** – frittierte Schweineteile mit grüner Banane
▶ **clam/seafood chowder** – sämige Muschel-/Fischsuppe
▶ **coco rallado** – in Sirup geraspelte Kokosnuss, mit Käse serviert
▶ **conch fritters** – kross gebratene, scharf gewürzte Streifen der bahamaischen Meeresschnecken (als Vorspeise)
▶ **duckunoo** – Süßspeise mit Kokosnuss und Gewürzen
▶ **empanadillas** – Teigtaschen, mit Meeresfrüchten oder mit Rindfleisch gefüllt (Foto li.)
▶ **escoveich fish** – sautierter Fisch in einer säuerlichen Sauce aus Gemüse, Gewürzen und Essig
▶ **fish tee** – Fischsuppe
▶ **jerk pork/jerk chicken** – scharf gewürztes, gegrilltes Hähnchen- oder Schweinefleisch (Foto re.)
▶ **johnny cake** – ausgebackenes Teiggebäck (als Beilage); auf den Bahamas: süßes Maisbrot
▶ **locrio** – Reisgericht mit Fleisch und Gemüse
▶ **mofongo abreu** – Bananenbällchen in Hühnerbrühe
▶ **patty** – mit gewürztem Hackfleisch oder Fisch gefüllte Teigtasche
▶ **pescado con coco** – Fisch in Kokosmilch
▶ **picadillo** – Rinderhack mit Knoblauch, Zwiebeln, Tomaten und Wein
▶ **potaje** – Suppe aus Bohnen, Knoblauch, Kräutern und Gewürzen
▶ **ropa vieja** – faseriges Rindfleisch in würziger Sauce und Reis
▶ **rundown** – in Kokosmilch gegartes, kräftig gewürztes Fischgericht
▶ **saltfish with ackee** – Stockfisch mit nach Rührei schmeckendem Gemüse
▶ **sancocho** – Fleisch-Gemüse-Eintopf mit Kartoffeln und Mais
▶ **sofrito** – Schweinepökelfleisch mit Gemüse, Gewürzen und Schinken
▶ **souse** – eine Art Blutwurst mit Sauce aus Zitronensaft, Gurke und Paprika

bandera. Auf Puerto Rico ist das risottoartige *asopao* ein Muss, Snacks sind *empanadillas* und die an *patties* erinnernden *tacos.* Auf den Cayman Islands gibt es eine Farm, in der Schildkröten kommerziell gezüchtet werden – auf einheimischen Speisekarten wird ihr Fleisch als Suppe oder Steak angeboten.

Auf den Bahamas ist von der Vielfalt der kreolischen Küche nichts zu merken: Hier wird einfach und bodenständig gekocht – vieles bedauerlicherweise auch frittiert – und der Fisch zu Suppe verarbeitet. Doch keine Angst, in Nassau, Freeport und in allen besseren Resortanlagen kommt internationale Küche auf den Tisch, oft mit tropischen Früchten und karibischen Gewürzen verfeinert. Wer Süßes liebt, sollte *guava duff* (Pudding aus Guaven mit Rumsauce) oder *coconut jimmy* (süße Klöße in Kokossauce) bestellen.

In der Dominikanischen Republik werden als Dessert gerne *chacá*, eine Süßspeise aus Kokosnuss, Mais, Milch, Zucker und Zimt, oder *habichuelas con dulce*, ein süßer Nachtisch aus Bohnen, gegessen. Auf Kuba liebt man *flan de huevos*, eine Art Creme Caramel, oder *coco rallado*, in Sirup geraspelte Kokosnuss, oft mit Käse serviert. In Puerto Rico isst man ebenfalls gern *flan*, hier mit tropischen Früchten, außerdem stehen sättigende Kuchen mit Banane und Kokosnuss auf der Dessertkarte. Auf Jamaika lässt man sich Rum-Kuchen schmecken und zu Weihnachten gibt es *matrimony*, ein Fruchtsalat mit Star Apple.

Die Getränkewahl auf den Großen Antillen ist vom Klima bestimmt. Fruchtsäfte sind tagsüber gute Durstlöscher, Mineralwasser ist nicht immer zu haben. Eisgekühltes einheimisches oder importiertes Bier dagegen ist überall erhältlich. Das jamaikanische *Red Stripe* gehört für viele Europäer zu den Lieblingsbieren. In besseren Restaurants und Hotels bekommen Sie nicht nur trinkbare italienische und französische Landweine, sondern mitunter Spitzenerzeugnisse europäischer oder kalifornischer Anbaugebiete. Auf den Bahamas können Sie sich mit *Kalik Beer* erfrischen – oder mit *Bahama Mama,* einem Mixdrink aus Kokosschnaps, Ananas- und Orangensaft sowie Grenadine und Nassau Royale.

Köstlich: ein karibischer Fruchtcocktail

Auf allen Inseln der Großen Antillen gibt es eigene Rumsorten. Der jüngere, weiße Rum ist die ideale Grundlage für Cocktails aller Art. Einige der großen klassischen Cocktails werden auf der Basis von karibischem Rum gemischt (und karibisch heißt in diesem Fall meist kubanisch oder puertoricanisch): Daiquiri, Mojito, Planter's Punch, Mai Tai oder Cuba Libre. Aber auch der ältere, braune Rum ist eine Delikatesse: Den *Añejo,* den „Alten", wie er meist genannt wird, sollten Sie auf jeden Fall einmal pur probieren.

EINKAUFEN

Auf den Großen Antillen zählen als Mitbringsel an erster Stelle zwei Genussmittel: Tabak und Rum. Aber es gibt noch viele andere schöne Souvenirs. Zum Beispiel sind in Puerto Rico Hängematten – sogenannte *hamacas* – in allen Farben und Variationen erhältlich. Und der Vielfalt der T-Shirts mit Aufdruck sind auf allen karibischen Inseln keine Grenzen gesetzt.

MÄRKTE

In Jamaika kann man auf den sogenannten *Craft Markets* fündig werden. Holzschnitzereien, Rasta-Outfits wie Häkelmützen in Rot-Gelb-Grün, aber auch Kaffee, Gewürze, Saucen und Chutneys sind beliebte Souvenirs. *Straw Markets* sind auf den Bahamas die traditionellen Verkaufsstellen für heimische Produkte: Gewürze, aus Stroh oder Palmblättern geflochtene Hüte und Taschen, Keramik und anderes Kunsthandwerk wird an einzelnen Ständen angeboten. Handeln ist hier Pflicht. Und mit etwas Einsatz bekommen Sie günstig einen originalen Bahamas-Strohhut, der Ihnen schon im Urlaub gute Dienste tun wird. Ebenfalls hübsch sind die originellen, fröhlichen Sommerkleider aus Batikstoffen, die überwiegend auf der Insel Andros hergestellt werden.

MUSIK

Auf allen Inseln werden Musik-CDs der jeweils angesagten Stars angeboten. In Jamaika sind es Dancehall, Reggae und Raggamuffin. Im Original z. B. von Damien Marley, Bounty Killer oder Lady Saw, beliebt sind auch von DJs zusammengemixte Sound-Selections. In der Dominikanischen Republik lohnen Merengue und Bachata sowie Aufnahmen von Juan Luis Guerra und Luis Segura einen Blick in die Plattenläden. Die heißesten kubanischen Rhythmen werden derzeit von Adalberto Alvarés produziert, und Puerto Rico bietet mit Tego Calderon und Daddy Yankee Rap und Reggae vom Feinsten. CDs werden überall verkauft, nicht nur in Musikläden. Jeder Souvenirladen hat ein Angebot an angesagten Scheiben, oftmals natürlich Raubkopien, deren Qualität meist nur mäßig ist.

RUM

„And the rum is fine any time of year“: Jede Insel hat ihre eigenen, mehr oder

Ob Rum, Kaffee oder Zigarren, Reggae, Strohhüte oder doch eine Hängematte – Sie finden sicherlich ein Souvenir für zu Hause

weniger bekannten Marken. Aus Puerto Rico stammt der Bacardi, aus der Dominikanischen Republik der Brugal, aus Kuba kommt der Havanna Club, auf Jamaika wird Myer's gebrannt, aber immer gibt es daneben unbekannte Destillate, die ein Probetrinken reich belohnen.

SCHMUCK & MÜNZEN

In der Dominikanischen Republik lohnt sich ein Blick in die Schmuckgeschäfte, um sich Bernstein- und Larimarfassungen anzusehen. Auf den Cayman Islands können Sie aus Schiffswracks geborgene INSIDER TIPP Gold- und Silbermünzen (zumeist echt und mit Zertifikat) erstehen.

ZIGARREN

Kuba ist die Heimat der weltberühmten Havannazigarren. Zwar sagen manche Kenner dem kommunistischen Regime nach, die Qualität der kubanischen Zigarren habe sehr nachgelassen, aber es gibt auch Zigarrenfreunde, die behaupten, selbst schlechtere Havannas seien immer noch bessere Tabakwaren als alle anderen. Wie dem auch sei, Zigarrenraucher oder ihre Freunde wären schlecht beraten, die Insel zu verlassen, ohne mindestens eine Zedernholzkiste mit Montecristos oder Cohibas im Gepäck zu haben. Aber auch auf Jamaika und in der Dominikanischen Republik werden beachtliche Zigarren gerollt. Und die Marken dieser beiden Inseln zeichnen sich durch ein Preisniveau aus, das noch unter dem Kubas liegt.

WAS SIE NICHT KAUFEN SOLLTEN

Vorsicht ist beim Erwerb von Korallen und Conchs, den bahamaischen Meeresschnecken, geboten: Sie unterliegen dem Washingtoner Artenschutzabkommen und dürfen nicht nach Europa eingeführt werden.

DER PERFEKTE TAG

Havanna in 24 Stunden

09:00 FRÜHSTÜCK IM EHRWÜRDIGEN HOTEL

Die Kubaner pflegen keine „Frühstückskultur". Deshalb ist es ratsam, mit einem der Restaurants der besseren Hotels vorlieb zu nehmen. Im ***Inglaterra*** → S. 42, einem der ältesten Häuser der Stadt, mitten in Habana Vieja, wird ein gutes kontinentales *desayuno* serviert.

10:00 STADTBUMMEL UND REVOLUTION

Ein Bummel entlang der elegant herausgeputzten ***Calle Obispo*** bis zum Capitolio und zurück gibt Ihnen ein Gefühl für die Lebhaftigkeit der Metropole. Hier drängen sich Besucher aus aller Welt und Kubaner vorbei an Galerien, Souvenirläden, Boutiquen, Restaurants und restaurierten, historischen Gebäuden aus dem 16. und 17. Jh. Hier schallt (wie überall auf Kuba) aus jedem mehr oder weniger renovierungsbedürftigen Hauseingang Musik. Am ***Capitolio Nacional*** → S. 39 (Foto li.), der exakten Nachbildung des Washingtoner Capitols, geht es ein paar Schritte weiter Richtung Malecón zum ***Museo de la Revolución*** → S. 40. Der alte Präsidentenpalast beherbergt die Zeugnisse der Castrorevolution mit Modellen, Waffen und Karten. Von der Terrasse gegenüber, dem Salón de los Espejos, hat man einen fantastischen Blick auf die Bucht von Havanna.

12:30 LUNCH MIT HEMINGWAY

Nun ist es Zeit für den ersten Daiquiri oder Mojito in Hemingways Stammkneipe ***La Bodeguita del Medio*** → S. 40 (Foto re.). Im ersten Stock des Hauses können Sie ein schönes, kleines *almuerzo* zu sich nehmen, vielleicht ein *ropa vieja*, eine Art Rindfleischfrikassee mit Chili und Reis mit Bohnen.

14:00 LIMOUSINENFAHRT UND UFERVERGNÜGEN

Nach dem Mittagessen geht es zu Fuß zum ***Parque Central***. Von hier aus können Sie mit einem alten Straßenkreuzer des Taxiunternehmens ● *Gran Car (Tel. 07 8 81 09 92)* gediegen eine Stadtrundfahrt Ihrer Wahl machen. Vielleicht geht es nach San Francisco de Palma, 17 km südöstlich von Havanna ins ***Museo Hemingway*** → S. 40. Die ehemalige Villa des Autors beherbergt noch immer sein Interieur. Lassen Sie sich zum Schluss der Sightseeing Tour am ***Hotel Victoria*** → S. 42

Die schönsten Facetten von Havanna kennenlernen – mittendrin, ganz entspannt und an einem Tag

in Havanna absetzen, trinken Sie einen Kaffee und bewundern Sie den unaufdringlichen Chic dieses Kleinods. Weiter Richtung Norden geht es vorbei am weltberühmten ***Hotel Nacional de Cuba*** und weiter über das Monumento U.S.S. Maine nach rechts auf dem ***Malecón*** **→ S. 39** (Foto re.) nach ***Habana Vieja*** **→ S. 38**. Hier reihen sich historische Häuser aus allen architektonischen Stilrichtungen, von Neo-Klassizismus bis Art-déco und Bauhaus. Die Bucht von Havanna bekommt im warmen Abendlicht ein geradezu magisches Flair.

18:30 WENN ES ABEND WIRD ...

Bevor es richtig dunkel wird, geht es durch die Calle Cuba zum ***Palacio de la Artesanía*** **→ S. 41**. In dem schön restaurierten Einkaufszentrum in einem alten Stadtpalast können Sie kubanisches Kunstgewerbe erster Güte erstehen. Zu Fuß geht es weiter zur ***Plaza de la Catedral*** **→ S. 39**. Hier bestellen Sie an einem der draußen gedeckten Tische des Restaurants ***El Patio*** **→ S. 41** einen Aperitif und später, wenn der Appetit kommt, vielleicht einen gegrillten Hummer. Ja, er ist teuer, aber er ist es wert!

22:00 NÄCHTLICHES VERGNÜGEN

Ratsam ist es, sich schon vorher Karten für das berühmte ***Tropicana*** **→ S. 41** zu bestellen. Von praktisch jedem Hotel in Havanna aus gibt es einen Shuttle dorthin. Die prächtig ausgestatteten Revuen unter freiem Himmel erinnern ein bisschen an das Hollywood alter Zeiten. Hier tritt die Elite der kubanischen Tänzer auf. Nach der Show nehmen Sie ruhig noch einen Absacker im ***El Floridita*** *(Calle Obispo No. 557/Monseratte)*, Hemingways zweiter Lieblingsbar, bevor es zurück ins Hotel geht. Oder Sie springen alternativ nach dem Abendessen noch mal ins Taxi und ab nach Vedado ins ***La Zorra y el Cuervo*** **→ S. 42**, den legendärsten Jazzclub Havannas. Hier drängeln Sie sich mit Touristen, Kubanern und einheimischen Musikgrößen in einer verrauchten Kellerbar und lauschen der Livemusik bis zum frühen Morgen. *Que te diviertas!*

Buslinie T1 Habana Bus Tour fährt zum Parque Central
Staatliche Taxis haben Taxameter; man zahlt in CUC

Blick an einer Skulpturengruppe vorbei auf die Plaza del Carmen in Camagüey

CAMAGÜEY

(142 A2) (🕮 E5) **Die Hauptstadt der gleichnamigen Provinz liegt inmitten der weiten, flachen Zentralebene Kubas, die sich hervorragend zur Rinderzucht und zum Zuckerrohranbau eignet.** Ursprünglich wurde Camagüey (306 000 Ew.) weiter nördlich an der Küste gegründet – dort, wo sich heute noch das wichtige Fischereizentrum Nuevitas befindet –, doch wegen andauernder Piratenüberfälle wurde die Stadt ins Inland verlegt. Aber auch hier fühlten sich die Einwohner nicht sicher, vielleicht auch aufgrund der Erinnerung an die Vergangenheit. Jedenfalls legten sie ihre neue Stadt nach einem labyrinthischen Plan an, sodass ein Wirrwarr von Gassen und Plätzen noch heute das Bild der schönen kolonialen Altstadt bestimmt.

SEHENSWERTES

IGLESIA DE LA SOLEDAD

Die 1775 errichtete Kirche ist einer der herausragenden Sakralbauten auf Kuba. Sehen Sie sich vor allem die barocken Fresken im Inneren an. *Calle República/ Calle Ignacio Agramonte*

MUSEO PROVINCIAL IGNACIO AGRAMONTE

In dem ehemaligen Garnisonsgebäude sind historische Objekte und Dokumente ausgestellt. Auch archäologische Funde aus der Indianerzeit sind zu sehen. *Di–Sa 10–17, So 9–14 Uhr | Eintritt 2 CUC | Avda. Los Mártires/Calle Ignacio Sánchez*

PARQUE AGRAMONTE

Die frühere Plaza de las Armas, der Exerzierplatz der Spanier, ist dem Gedenken an Ignacio Agramonte gewidmet. Er war Oberbefehlshaber der kubanischen Revolutionstruppen im Unabhängigkeitskrieg gegen die Spanier. In der Mitte des Platzes steht das Reiterstandbild des in Camagüey geborenen Agramonte. Die riesigen tönernen Amphoren, in denen die Einwohner der Stadt früher Regenwasser sammelten, heißen *tinajón*.

INSIDER TIPP TEATRO PRINCIPAL

Ein gutes Beispiel für die kubanische Architektur des 19. Jhs. ist das aus Marmor gebaute Stadttheater (1850). Das große Bogenfenster mit den bunten Glasscheiben lässt die Lobby tagsüber in allen Regenbogenfarben erstrahlen. *Calle Padre Valencia*

ESSEN & TRINKEN

LA CAMPANA DE TOLEDO

Spanisch-kreolische Spezialitäten in einem stilvoll eingerichteten Innenhof. Livemusik. *Plaza San Juan de Dios | Tel. 032 28 68 12 | €€*

AM ABEND

Jeden Samstagabend gibt es eine *Noche Camagüeyana* entlang der *República* mit Straßenständen und Musik.

ÜBERNACHTEN

ISLAZUL GRAN HOTEL

Das Haus wurde getreu seinem kolonialen Stil renoviert. Das Restaurant im obersten Stock ist sehr gut. Mit Swimmingpool. *72 Zi. | Calle Maceo 67 | Tel. 032 29 20 93 | www.islazul.cu | €*

AUSKUNFT

INFOTUR

Aeropuerto Internacional Ignacio Agramonte 448 | Avda. Finley | Tel. 032 26 58 05

ZIEL IN DER UMGEBUNG

PLAYA SANTA LUCÍA (142 A2) *(E4)*

Ca. 100 km nordöstlich von Camagüey liegt ein 21 km langer, weißer Strand mit türkisfarbenem Wasser. Sein vorgelagertes Korallenriff ist ein wahres Taucherparadies. Nur eine handvoll Hotels säumen die Bucht mit der anschließenden Halbinsel. Eine Tauchschule mit dem etwas verstörend klingenden Namen INSIDER TIPP *Shark's Friends Diving Centre (30–40 CUC | Tel. 032 36 51 82 | www.*

MARCO POLO HIGHLIGHTS

★ **Palacio de Valle**
In Cienfuegos: ausgezeichnete Küche im arabisch beeinflussten Ambiente eines Herrenhauses → S. 37

★ **Trinidad**
Die Museumsstadt Kubas mit kolonialzeitlichen Stadtpalästen und ruhigen Gassen → S. 38

★ **Altstadt von Havanna**
Ein Streifzug durch vergangene Zeiten → S. 38

★ **Museo Hemingway**
So hat Hemingway in Havanna gelebt → S. 40

★ **Tropicana**
Glamouröse Revuen wie im alten Hollywood → S. 41

★ **Casa de Velázquez**
Kolonialmuseum aus dem 16. Jh. in Santiago de Cuba → S. 44

★ **Playa de Varadero**
Karibischer Traumstrand auf einer Halbinsel → S. 46

cuba-diving.de) hat sich der Hotelanlage *Brisas Santa Lucía* angeschlossen. Tatsächlich hat man sich auf das Tauchen mit und Füttern von Haien spezialisiert *(65 CUC)*.

CIENFUEGOS

(141 D4) *(🕮 D4)* **Cienfuegos (165 000 Ew.), die Stadt der „hundert Feuer", ist einer der wichtigen Industriestandorte an der Südküste Kubas.**

Hier haben sich die von Fidel Castro eingeleiteten Entwicklungen am deutlichsten ausgewirkt, mit allen Vor- und Nachteilen einer forcierten Industrialisierung. So ist die Stadt heute der größte Zuckerverladehafen der Welt, hier wurden Raffinerien angesiedelt und ein Atomkraftwerk gebaut. Dennoch hat Cienfuegos seinen eigenen Charme, den wohl nur die Kombination von Industrie, Sozialismus, lateinamerikanischem Temperament und karibischer Sonne hervorbringen kann.

SEHENSWERTES

PARQUE MARTÍ

Der Park mit einem beeindruckenden Denkmal zur Gründung der Republik Kuba ist der eigentliche Mittelpunkt der Stadt.

TEATRO TERRY

Das 1889 entstandene und 1965 renovierte, neoklassizistische Theater ist das interessanteste Gebäude Cienfuegos. 1200 Besucher finden hier Platz. *Tgl. 10–16 Uhr | Eintritt 1 CUC | Avda. 56*

ESSEN & TRINKEN

INSIDER TIPP CLUB CIENFUEGOS

Das Kolonialgebäude von 1920 wurde kürzlich renoviert und erstrahlt jetzt in blütenweißer Pracht. Im Restaurant

Auf dem Parque Martí trifft man sich gern am Pavillion

werden internationale Spezialitäten serviert, von der Terrasse aus blickt man weit über die Bucht. *Paseo del Prado | Tel. 043 51 28 91 | €€€*

PALACIO DE VALLE ★
Arabische Architektureinflüsse in einem Herrenhaus aus dem 19. Jh. Die hervorragende Küche ist auf Meeresfrüchte (u. a. Hummer, Paella, verschiedene Scampivariationen) spezialisiert. *Neben dem Hotel Jagua | Calle 37 | Tel. 043 55 12 26 | €–€€*

ÜBERNACHTEN

HOTEL JAGUA (GRAN CARIBE)
Das moderne Hotel mit Meerblick bietet einen Swimmingpool, ein Restaurant, eine Bar, eine Cafeteria und Kabarett. *147 Zi. | Calle 37 Punta Gorda | Tel. 043 55 10 03 | www.gran-caribe.com | €€*

PALACIO AZUL
Am Strand von Puntaforda gelegenes Stadthotel. Große Zimmer, einige mit Blick aufs Meer. *7 Zi. | Calle 37/Avda. 12 y 14 | Tel. 043 55 58 28 | www.cubanacan.cu | €€*

AUSKUNFT

CUBATUR
Calle 37/Avda. 54 y 56 | Tel. 0432 55 12 42 | www.cubatur.cu

ZIELE IN DER UMGEBUNG

BAHÍA DE COCHINOS (141 D4) (*C4*)
Die rund 100 km westlich von Cienfuegos gelegene Schweinebucht erlangte traurige Berühmtheit als Schauplatz des misslungenen Invasionsversuchs von Exilkubanern im Jahr 1961. Heute ist der Bucht mit ihrem blauen Wasser nichts mehr anzumerken, sie ist ein beliebtes Ausflugsziel. Nur die Allee mit den Gedenksteinen für die Gefallenen und ein kleines Museum erinnern an die blutigen Kämpfe.

GUAMÁ (141 D3) (*E4*)
Auf der Halbinsel Zapata, ca. 120 km westlich von Cienfuegos, befindet sich ein nachgebildetes Taino-Dorf mit Hütten und Pfahlbauten. Viele der Hütten werden an Urlauber vermietet. Der Ort ist mit dem Boot von der Anlegestelle Guamá zu erreichen. Besuchen Sie die Krokodilfarm, und trauen Sie sich ruhig, das angebotene Krokodilfleisch zu probieren.

INSIDER TIPP JARDÍN BOTÁNICO
(141 D4) (*D4*)
Über 2000 verschiedene Pflanzenarten – wie z. B. Orchideen, Bambus und Obstbäume – gedeihen auf dem Gelände des ehemaligen Zuckerrohr-Versuchsfeldes ca. 20 km östlich von Cienfuegos. Allein die Zahl der Palmenarten ist beeindruckend. *Tgl. 8–16 Uhr | Eintritt 2,50 CUC*

SANTA CLARA (141 E3) (*D4*)
Der Ort, ca. 50 km nordöstlich von Cienfuegos, wurde 1689 von Einwohnern von Remedios gegründet. Der neue Standort, mitten im Landesinneren, sollte sie vor Überfällen von Piraten schützen und diente jahrhunderte lang als Provinzhauptstadt von Las Villas. Ein bedeutsames, historisches Ereignis hat Santa Clara berühmt gemacht: Hier hat 1958, angeführt von Ché Guevara, der letzte Guerrilla-Angriff stattgefunden, der die Diktatur Batistas beendete. Die „Stadt der heldenhaften Guerrillakämpfer" beheimatet heute das *Conjunto Escultórico Comandante Ernesto Ché Guevara*. Hierher wurden 1997 die sterblichen Überreste des Helden der Revolution aus Bolivien überführt.

Der Komplex umfasst ein Museum mit Fotos und persönlichen Habseligkeiten des Comandante sowie Uniform, Pfeife und Pistolenhalter. Ein riesiges Memorial widmet Ché Guevara eine beeindruckende Bronzestatue, in deren Fundament Bilder des Kampfes gegossen sind. *Di–So 9.30–17 Uhr | Eintritt frei | Avda. de los Desfiles*

TRINIDAD ★ (141 E4) *(🗺 D4)*
Neben Havannas Altstadt ist Trinidad (36 000 Ew., ca. 60 km südöstlich von Cienfuegos) das schönste Beispiel der kubanischen Kolonialarchitektur mit Stadtpalazzi aus dem 16. Jh., roten Ziegeldächern und Kopfsteinpflasterstraßen. Ein Bummel durch die ruhigen Gassen führt von einem wohlerhaltenen Baudenkmal zum anderen. Besonders sehenswert ist das *Museo Romántico (Di–So 9–17 Uhr | Eintritt 2 CUC | Hernández 52)* mit seiner Sammlung, die altes Porzellan und Glas sowie antike Möbelstücke enthält. Im Restaurant *Colonial (Antonio Maceo 402 | €)* kann man sich bei urigem Lokalkolorit von den vielen Eindrücken ausruhen. Die Bungalows *Las Cuevas (109 Zi. | Finca Santa Ana | Tel. 041 99 61 33 | €)* liegen an einem Hang über der Stadt. Vom Pool aus sieht man auf die vorgelagerte Bucht. Zum Hotel gehört eine INSIDER TIPP *Höhlendisko (ab 22 Uhr)* – eine Tropfsteinhöhle, die zu einer Merengue-und-Salsa-Bar umfunktioniert wurde.

HAVANNA

KARTE IM HINTEREN UMSCHLAG
(140 C3) *(🗺 B–C3)* **Kubas Hauptstadt (ca. 2,2 Mio. Ew.) war und ist das Zentrum der Insel. Die Stadt – heute: Ciudad de la Habana – hieß früher San Cristóbal de la Habana und war ein bedeutender Warenumschlagplatz und Zwischenstopp für die zwischen Spanien und seinen Kolonien verkehrenden Schiffe, ihr Reichtum war bis weit ins 18. Jh. hinein sprichwörtlich.**

Von den 1920er-Jahren bis zur Revolution 1959 war Havanna das „Sündenbabel" der Karibik. Das Stadtbild ist von der politischen Wende geprägt: Hotels, Restaurants und Souvenirläden schießen förmlich aus dem Boden. Die wegen fehlender Mittel nur zaghaften Modernisierungsversuche haben Havanna das Schicksal erspart, das die meisten westlichen Großstädte ereilte: Es gibt keine Neonbeleuchtungen, keine Fastfoodketten und relativ wenig Autoverkehr – aber viel Nostalgie.

CITY WOHIN ZUERST?
Plaza de la Catedral (U F1–2) *(🗺 f1–2)* in Habana Vieja liegt zentral. Von hier aus schlendern Sie gemütlich zu Plaza Vieja, Plaza de San Francisco und Plaza des Armas, und auch der Malecón ist nicht weit. Da es nicht ratsam ist, in Havanna mit dem Auto zu fahren, gehen Sie lieber zu Fuß oder fahren mit Cubataxi oder Cocotaxi (gelbe, eiförmige Scooter). Der ZOB liegt am Parque de la Fraternidad. Linie T3 der Habana Bus Tour verkehrt für 3 CUC zwischen Parque Central und Plaza de la Revolución.

SEHENSWERTES

ALTSTADT ★
Die gesamte Altstadt Havannas *(Habana Vieja)* zählt zum Weltkulturerbe der Unesco. Zu den wichtigsten Sehenswürdigkeiten gehört das *Castillo de*

la Real Fuerza ((U F2) *(f2)* | *Di–Sa 9.30–17 Uhr* | *Eintritt 3 CUC* | *La Real Fuerza* | *Plaza de Armas),* das Stadt und Hafen vor Überfällen schützen sollte. Mit seinem Bau wurde 1558 begonnen. Das *Castillo* beherbergt ein Waffenmuseum und trägt auf einem seiner Türme die *Giraldilla* – eine Statue der Ehefrau des Gouverneurs Hernando de Soto –, die zum Wahrzeichen der Stadt geworden ist. Der *Palacio de los Capitanes Generales* ((U F2) *(f2)* | *tgl. 9.30–18.30 Uhr* | *Eintritt 3 CUC* | *Tacón 1)* diente früher den spanischen Generalkapitänen, den höchsten Repräsentanten der Kolonialmacht auf Kuba, als Regierungssitz. Eine ähnliche Funktion erfüllte er Anfang des 20. Jhs. auch für die US-amerikanische Besatzungsmacht, danach für verschiedene kubanische Präsidenten und die revolutionäre Stadtregierung von Havanna. Heute ist hier das *Stadtmuseum* untergebracht, das interessante Ausstellungen über die Vergangenheit und Gegenwart der Stadt zeigt. Die Statue im Hof stellt Kolumbus dar.

Der wichtigste Sakralbau der Altstadt ist die *Catedral de San Cristóbal de la Habana* an der Nordseite der *Plaza de la Catedral* (U F1–2) *(f1–2)*. Zwar ist sie das Prunkstück des Platzes, ein harmonisches Werk barocker Baukunst, aber die Gebäude an den drei anderen Seiten sind ebenfalls prachtvoll.

CAPITOLIO NACIONAL

(U E2–3) *(e2–3)*

Dieses Gebäude stammt nicht aus der Kolonialzeit, was man ihm auch deutlich ansieht. Als exakte Nachbildung des Capitols in Washington beherbergte es von seiner Einweihung 1929 bis zur Revolution die Parlamentskammern der kubanischen Volksvertretung. *Tgl. 9–17 Uhr* | *Eintritt 3 CUC, mit Führung 4 CUC* | *Prado*

Einer von vielen in Havanna: Oldtimer vor dem Capitolio Nacional

MALECÓN (U B–D1) *(b–d1)*

Die Uferpromenade ist ein beliebtes Ziel für Spaziergänger, Liebespaare und andere Müßiggänger. Im Sommer finden hier die Karnevalsumzüge statt, die vielleicht schönsten in der gesamten Karibik.

MUSEO HEMINGWAY ★ (0) (🕮 0)
Hemingway bewohnte die Villa bis kurz vor seinem Tod 1961. Seine Möbel, Bücher, Trophäen und Schreibutensilien befinden sich noch an Ort und Stelle. *Mo–Sa 10–16, So 9–13 Uhr | Eintritt 3 CUC | San Francisco de Paula | ca. 17 km südöstlich von Havanna*

MUSEO DE LA REVOLUCIÓN (U E1–2) (🕮 e1–2)
Im alten Präsidentenpalast (1920–60) sind Zeugnisse der Castro'schen Revolution ausgestellt, aber auch solche der vorangegangenen Freiheitskämpfe versammelt. Waffen und Dokumente, Karten und Modelle veranschaulichen die Ereignisse der fernen und nahen Vergangenheit. *Tgl. 10–17 Uhr | Eintritt 6 CUC | Calle Refugio*

PLAZA DE LA REVOLUCIÓN (0) (🕮 0)
Der zentrale Platz des modernen Havanna geht auf Entwürfe zurück, die schon lange vor der Revolution angefertigt worden waren. Seine jetzige Gestalt erhielt er aber erst nach 1959. Mittelpunkt ist das Denkmal für José Martí, den kubanischen Freiheitskämpfer und Nationalhelden: ein fast 150 m hoher Marmorobelisk. Um den Platz gruppieren sich Ministerien und Regierungsgebäude, darunter auch das Innenministerium mit einem gigantischen Ché-Guevara-Porträt. *Avda. Paseo/Rancho Boyeros*

ESSEN & TRINKEN

BODEGUITA DEL MEDIO (U F2) (🕮 f2)
Der Name verweist auf die für Havanna ungewöhnliche Lage des Bar-Restaurants: Es befindet sich in der Mitte eines Straßenblocks statt an einer Straßenecke. Hier hat Hemingway seinen Mojito getrunken. Ein sehr beliebter Treffpunkt mit kubanischer Küche. *Empedrado 207 | Tel. 07 8 67 13 74 | €€€*

EL PATIO (U F2) (🕮 0)
Spanischer Palast aus der Kolonialzeit, die Tische stehen im romantischen In-

BÜCHER & FILME

▶ **Die Zeit der Schmetterlinge** – Roman von Julia Alvarez. Fünf Schwestern rebellieren als Widerstandskämpferinnen in der Dominikanischen Republik zur Zeit Trujillos

▶ **Inseln im Strom** – Hemingway schildert im ersten Teil einen Angelurlaub auf Bimini – humorvoll und autobiografisch

▶ **The Harder They Come** – Kultfilm aus den Kingstoner Slums in Jamaika: Aufstieg und Fall des Reggaesängers Jimmy Cliff (1972)

▶ **Buena Vista Social Club** – Dokumentarfilm von Wim Wenders über die alten kubanischen Herren des Son (1999)

▶ **Erdbeer und Schokolade** – Kubanische Komödie von Tomás Gutiérrez Alea – ein Plädoyer für Respekt und Toleranz (1993)

▶ **James Bond** – ... war schon mehrfach auf den Bahamas: mit „Casino Royale", zuvor mit „Sag niemals nie" und „Der Spion, der mich liebte". Die Tauchszenen aus „Feuerball" sind Filmgeschichte

nenhof. Die Küche ist modern und leicht, wie beispielsweise Spargel im Prosciuttomantel. *Plaza de la Catedral | San Ignacio 54 | Tel. 07 8 67 10 35 | €€*

EL TOCOROCO (O) (*O*)

Das beste Restaurant Havannas befindet sich in einem alten Herrenhaus mit schöner Terrasse und Garten. Spezialitäten sind Meeresfrüchte, kreolische Kompositionen und Sushi. *Calle 18/Avda. 3 | Tel. 07 2 04 22 09 | €€€*

EINKAUFEN

ARTEX (U A2) (*a2*)

Sehr gutes Musiksortiment mit LPs, CDs und Kassetten aller kubanischen Musikrichtungen. *Calle L/Calle 23*

FERRA DEL MALECÓN (O) (*O*)

Auf dem Open-Air-Markt an der Uferstraße werden Kunsthandwerk, alte Bücher, Münzen, Kleidung und Kleinmöbel angeboten. *Di–So 9–17 Uhr | Malecón Alrededores*

PALACIO DE LA ARTESANÍA (U F1) (*f1*)

Die beste Adresse für kubanisches Kunstgewerbe und Souvenirs. *Calle Cuba 64 | Habana Vieja*

AM ABEND

INSIDER TIPP CASA DE LA MÚSICA (O) (*O*)

Hier wird der berühmte kubanische Son gespielt, eine wehmütige und dennoch beschwingt klingende Musik. Bekannte Bands und Tanz in einem schönen alten Stadthaus. *Tgl. 23–3 Uhr | Eintritt 10–25 CUC | Calle 20/Calle 35 | Vedado*

TROPICANA ★ (O) (*O*)

Auch wenn das Tropicana die Touristenattraktion ersten Ranges in Havanna ist, sollten Sie sich davon nicht abschrecken lassen und dennoch eine Show ansehen. Der Besuch lohnt sich! Solch opulent ausgestattete Showdarbietungen gab es sonst nur in den prächtigen Revuen des alten Hollywood, die aber einen großen Nachteil hatten:

Glamourös: eine Show im Tropicana

Sie fanden nicht wie hier unter freiem karibischem Himmel statt. *Di–So 22–1 Uhr | Eintritt und Dreigängemenü ab 75 US$ | Fahrt vom Hotel aus | Calle 72 Marianao | Tel. 07 2 67 17 17 | www.cabaret-tropicana.com*

INSIDER TIPP LA ZORRA Y EL CUERVO (U B1) (*b1*)

Verrauchter Jazzclub mit Livemusik der Größen Kubas. Ab 24 Uhr wird es voll. *Tgl. ab 22 Uhr | Eintritt 10 CUC | Calles 23 y O | Vedado*

ÜBERNACHTEN

INSIDER TIPP INGLATERRA
(U E2) (*e2*)
Renoviertes kolonialzeitliches Gebäude mit viel Atmosphäre. Trinken Sie Ihren Daiquiri in der Hotelbar! *83 Zi. | Paseo del Prado 416 | Habana Vieja | Tel. 07 8 60 85 95 | www.hotelinglaterra-cuba.com | €€*

TRYP HABANA LIBRE (U A2) (*a2*)
Das mit 606 Zimmern größte Hotel der Stadt liegt sehr zentral und hält ein umfangreiches Angebot bereit: Restaurants und Bars, Swimmingpool und Sauna, Kabarett und vieles mehr. *Calles L y 23 | Vedado | Tel. 07 8 34 61 00 | www.meliacuba.com | €€*

VICTORIA (U A1) (*a1*)
Die geschmackvoll eingerichteten Zimmer sind mit Bad, Klimaanlage, und Telefon ausgestattet. Im Haus gibt es ein Restaurant mit exzellenter Küche, eine Bar, eine Wechselstube und ein Touristenbüro sowie einen kleinen Pool. *31 Zi. | Calles M y 19 | Vedado | Tel. 07 8 33 35 10 | www.hotelvictoriacuba.com | €–€€*

LOW BUDG€T

▶ *Casa 1932:* Privatunterkunft und Museum mit Art-déco-Objekten in Havanna. *2 Zi. | CUC 20–35 | Campanario 63 | Tel. 07 8 63 62 03*

▶ Direkt am Strand, mit Terrassenbar und Grill: Im *Hotel Herradura* in Varadero gibt es Zimmer ab 40 CUC. *78 Zi. | Avda. de la Playa 35 y 36 | Tel. 045 61 37 03*

▶ In Havanna können Sie für 5 CUC in der Zeit von 9 bis 21 Uhr drei zentrale Buslinien benutzen und dort jederzeit ein- oder aussteigen (T1, T2, T3). Fahrpläne gibt es bei *Transtur (www.transtur.cu).*

AUSKUNFT

INFOTUR (U E2) (*e2*)
Calle 28, 303 | Playa | Tel. 07 2 04 06 24

ZIELE IN DER UMGEBUNG

MATANZAS (140 C3) (*C3*)
Die ca. 160 km östlich von Havanna an einer Bucht der Nordküste gelegene Stadt hat rund 150 000 Einwohner. Zahlreiche im spanischen Kolonialstil errichtete Häuser aus dem 17. Jh. verleihen Matanzas eine fast nostalgische Erscheinung. Sehenswert ist die Stadt aber hauptsächlich wegen ihrer Höhlen, der INSIDER TIPP *Cuevas de Bellamar (tgl. 9–17 Uhr | Führung 8 CUC)*. Wandmalereien belegen, dass hier schon vor 1600 Jahren Menschen gelebt haben. Einen Teil des unterirdischen Höhlensystems können Sie zu Fuß erkunden.

PINAR DEL RÍO (140 B3) (*B4*)
Die ca. 190 000 Einwohner zählende Provinzhauptstadt liegt im äußeren Westen der Insel, ungefähr 160 km südwestlich von Havanna. Sie hat ein schönes Zentrum mit meist einstöckigen, pastellfarbenen neoklassizistischen Häusern.
In der ● *Zigarrenfabrik Francisco Donatien (Mo–Fr 9–16 Uhr | Eintritt 5 CUC | Maceo 157)* werden die besten Zigarren Kubas hergestellt (auch Führungen und Verkauf). Im kolonialen Stil übernachten kann man im *Vueltabajo (24 Zi. | Calle Martí | Tel. 048 75 93 81 | www.islazul.cu | €).*

VALLE DE VIÑALES (140 B3) (*🗺 B4*)
Der über 20 000 ha große Nationalpark östlich von Havanna ist für seine *Mogotes*, riesige, grün bewachsene Karstformationen, bekannt. Flache, rote Ebenen mit hoch wachsenden Königspalmen bilden dazwischen einen landschaftlichen Kontrast, wiederum durchsetzt mit Mais- und Tabakfeldern. Das Dorf Viñales ist Treffpunkt vieler Kulturfreunde. 1999 wurde es von der Unesco zum Weltkulturerbe erklärt. Hier haben sich Galerien, ein kleines Museum und ● *Casas Particulares* (Zimmer zur Untermiete in einem kubanischen Haushalt) angesiedelt. Unterkunft: *Casa Dago (1 Zi. | Salvador Cisnero | Tel. 48 79 31 73 | €)*.

Im Valle de Viñales wächst zwischen den Karstbergen edler Tabak

SANTIAGO DE CUBA

(142 C4) (*🗺 F6*) **Die im Südosten der Insel gelegene Stadt (408 000 Ew.) heißt auf Kuba auch „die Wiege der Revolution".**
Von hier ging die bürgerliche Revolution gegen die spanische Kolonialmacht aus, und hier ereignete sich auch mit dem Sturm auf die Moncada-Kaserne der Fanfarenstoß, mit dem Fidel Castro seine Revolution einleitete. Santiago war einst die Hauptstadt Kubas. 1549 wurde der Regierungssitz nach Havanna verlegt. Ein Grund hierfür waren die schlechten klimatischen Bedingungen Santiagos, unter denen immer wieder Fieberepidemien ausbrachen. Trotz dieser ungünstigen Lage entwickelte sich Santiago zu einem blühenden Handelsplatz, zumal es in der Nähe große Kupfervorkommen gab. Anders als in Havanna mit seinen Großgrundbesitzern und spanischen Verwaltern prägten in Santiago und seiner Umgebung stets das liberale Bürgertum und die Kleinbauern das politische Klima – daher verwundert es kaum, dass der Nährboden für revolutionäre Bewegungen hier so fruchtbar war. Heute wirkt

die zweitgrößte Stadt der Insel wie ein Odeon, in dem fortwährend gesungen, musiziert und getanzt wird.

SEHENSWERTES

CASA DE VELÁZQUEZ ★

Das 1516 errichtete Haus des Konquistadors und Gouverneurs Diego Velázquez ist heute als Kolonialmuseum eingerichtet. Besonders interessant sind die schönen, aus Edelhölzern gefertigten Möbelstücke und die massiven Truhen, die in früheren Zeiten auf Reisen mitgenommen wurden. *Mo–Do 9–17, Sa/So 9–12 Uhr | Eintritt 2 CUC | Parque Céspedes | Calle Lacret*

CATEDRAL

In der Kathedrale ist angeblich der erste Gouverneur Kubas, Diego Velázquez, bestattet. Da das Gotteshaus durch Naturkatastrophen und militärische Beschädigungen stark in Mitleidenschaft gezogen war, wurde es zu Beginn des 19. Jhs. auf den alten Fundamenten neu errichtet. *Parque Céspedes | Calle Lacret*

CEMENTERIO SANTA IFIGENIA

Der Friedhof ist ein Nationaldenkmal und gleicht einer Totenstadt. Hier sind die wohlhabenden Bürger Santiagos in Mausoleen bestattet, die kleinen Villen oder Palästen ähnlicher sind als Grabmälern. Auch José Martí, der Held der Befreiungskriege, liegt hier in einem Mausoleum aus Kalkstein begraben. *Tgl. 8–17 Uhr | Eintritt 1 CUC | im Süden des Distrito Martí*

ESSEN & TRINKEN

INSIDER TIPP SALON TROPICAL

Privat bewirtschaftetes Restaurant mit einer Dachterrasse, von der man einen traumhaften Blick über die Stadt hat. *Fernández Marcané 310/Calles 9 y 10 | Tel. 022 64 11 61* | €

EL ZUN ZUN

Ein elegantes Restaurant mit interessanter Küche, wie zum Beispiel Lamm mit Knoblauchsauce. *Avda. Manduley 159 | Vista Alegre | Tel. 022 64 15 28* | €

EINKAUFEN

Die Haupteinkaufsstraßen in Santiago de Cuba sind die *Calle Heredia, José Saco* und *Aguilera*. In der *Calle Heredia* gibt es Kunstgalerien und ein altes Archiv.

AM ABEND

TROPICANA SANTIAGO

Karibisches Kabarett im Stil des legendären Tropicana in Havanna. *Di–So 20–3 Uhr | Eintritt 35–50 CUC | Calle Trébol | 1,5 km auf der Autopista Nacional | Tel. 022 64 25 79*

ÜBERNACHTEN

CASA GRANDA

Das ehemalige Gran Hotel liegt im Stadtzentrum. Sehr schön renoviert, mit INSIDER TIPP eleganter Lounge. *58 Zi. | Parque Céspedes | Tel. 022 68 66 00 | www.gran-caribe.com* | €€

HOTEL MELIÁ SANTIAGO DE CUBA

Marmorböden und Glaswände, sehr guter Service, fantastisches Frühstücksbuffet. *302 Zi. | Avda. de Las Américas | Tel. 022 68 70 70 | www.meliacuba.de* | €€

AUSKUNFT

CUBATUR

Calle Plácido | Tel. 022 68 60 27

Das Hotel Casa Granda hat den Überblick: Parque Céspedes mit der Kathedrale

ZIELE IN DER UMGEBUNG

BARACOA (143 D3) (*🗺 G5*)
Kolumbus setzte 1492 ein Kreuz in die Bucht von Baracoa, das heute in der Kirche *Nuestra Señora* zu besichtigen ist. Baracoa (50 000 Ew.), das vor Santiago drei Jahre lang die Hauptstadt Kubas war, liegt im Osten der Insel und ist umgeben von Regenwald und Bergen.
Am Atlantikstrand können Sie einen kleinen Badeurlaub einlegen und INSIDER TIPP *Cucurucho* – eine köstliche Mischung aus Kokosnuss, Milch, Vanille und Zucker in einem Palmenblatt – zu sich nehmen. Mit einem schönen Ausblick wohnen Sie im Hotel *El Castillo (35 Zi. | Calixto García | Loma del Paraíso | Tel. 021 64 51 65 | €). 150 km östlich von Santiago, Zufahrt über die Passstraße La Farola*

EL COBRE (142 C3) (*🗺 F5*)
Der Wohlstand der Stadt Santiago de Cuba beruht zu einem beträchtlichen Teil auf dieser alten Kupfermine. Die Ausläufer der Sierra Maestra, in denen sie liegt, lassen erkennen, dass hier – seit bereits 400 Jahren – Bergbau betrieben wird. Außerdem befindet sich hier eine *Wallfahrtskirche,* die Basilika der kubanischen Schutzpatronin Virgen de la Caridad del Cobre. *20 km nordwestlich von Santiago*

VARADERO

(141 D3) (*🗺 C3*) **Der kleine, östlich von Havanna gelegene Ort (27 000 Ew.) war vor der Revolution ein beliebter Sommersitz wohlhabender Hauptstädter, und auch viele Nordamerikaner besaßen hier prachtvolle Villen.**
Nach der Revolution wurden die Gebäude als Erholungsheime für Schulkinder und Fabrikarbeiter genutzt, bis sich Kuba dem internationalen Tourismus öffnete und Varadero wieder Ausländern zugänglich machte. Der 12 km lange, palmengesäumte Sandstrand an der

Nordküste der Halbinsel gehört zu den schönsten in der Karibik.

SEHENSWERTES

CUEVA DE AMBROSIO

1961 wurden in der Höhle Dutzende von vorkolumbischen indianischen Zeichnungen entdeckt. *Tgl. 9–17 Uhr | Eintritt 3 CUC | zw. Marina Chapelín und Marina Gaviota*

MUSEO MUNICIPAL

Indianische Artefakte und Varaderos Geschichte in einem 1921 erbauten Holzhaus. *Tgl. 10–19 Uhr | Eintritt 1 CUC | Calle 57 y Avda. Playa*

ESSEN & TRINKEN

ANTIGÜEDADES

Ohne Zweifel die beste Küche in Varadero! Die Schwingtüren der alten Villa öffnen sich zum Garten. Gute Meeresfrüchte und Cocktails. *Avda. Primera y 56 | Parque Josone | Tel. 045 66 73 29 |* €€

CASA DE AL

Das blaue Haus soll früher dem Gangsterboss Al Capone gehört haben. Auf der Karte stehen u. a. „Mafia-Suppe" und „Godfather-Salat". *Villa Punta Blanca, Repardo Kawama | Tel. 045 66 80 50 |* €€

VARADERO 60

Kubanische und internationale Küche im 1960er-Ambiente. Empfehlenswerte Meeresfrüchte. *Calle 60 | Tel. 045 61 39 86 |* €–€€

EINKAUFEN

PLAZA AMÉRICA

Einkaufszentrum mit großem Sortiment an Markenartikeln und Souvenirs. Mit Supermarkt, Restaurants und INSIDER TIPP Livemusik. *Tgl. 10–23 Uhr | Autopista Sur*

STRAND

PLAYA DE VARADERO ★

Der Traum aller Karibikurlauber: Feiner, weißer Sandstrand zieht sich meilenweit an der Nordküste der Halbinsel entlang, mit Hotels, Bars, Restaurants und zahlreichen Wassersportangeboten. ● Bootstouren kann man u.a. an der *Marina Chapelin (Autopista del Sur | Tel. 045 66 75 50)* buchen.

AM ABEND

CABARET CONTINENTAL

Liveshow und Tanz im Hotel Varadero Internacional. *Di–Sa ab 22 Uhr | Eintritt 25–40 CUC | Avda. de Las Américas | Tel. 045 66 70 38*

BÉSBOL

Ausgerechnet die typisch amerikanische Sportart Baseball (kubanisch: *bésbol*) ist zum Volkssport *numero uno* avanciert. Es gibt kaum einen Hinterhof, auf dem nicht mit Schlägern bewaffnete Jungs versuchen einen, meist selbst gebastelten, Ball zu treffen und anschließend um ihr Leben bis zur nächsten *base* zu laufen. Im Parque Central in Havanna kann man in der ● *Esquina Callente* häufig kostenlos den Spielen der *nativas* zusehen.

ÜBERNACHTEN

CLUB KAWAMA

Direkt am Meer gelegen. Alle Zimmer haben Balkon oder Terrasse. *336 Zi. | Carretera de Kawama 40 | Tel. 045 614416 | www.gran-caribe.com | €€*

ISLAZUL PULLMAN

Kleines Hotel mit familiärer Atmosphäre, die beste Adresse für Individualreisende. *15 Zi. | Avda. 1/Calles 49 y 50 | Tel. 045 612702 | www.islazul.cu | €*

VARADERO INTERNACIONAL

Das von der amerikanischen Familie DuPont erbaute Haus war lange das beste Hotel in Varadero. Die zum Meer hin gelegenen Zimmer bieten nach wie vor den besten Ausblick. *163 Zi. | Avda. de Las Américas | Tel. 045 667038 | www.gran-caribe.com | €€*

AUSKUNFT

CUBATUR

Calle Primera/Calle 33 | Tel. 045 667216

ZIELE IN DER UMGEBUNG

CÁRDENAS (141 D3) (*C3*)

Die 1828 gegründete und im spanischen Kolonialstil erbaute Stadt zählt ca. 109000 Einwohner. Während des 19. Jhs. war Cárdenas eine wohlhabende Zuckermetropole. Im *Parque Colón* wurde 1862 das erste Kolumbusdenkmal der Neuen Welt errichtet. *Ca. 18 km östlich*

Auf Cayo Largo gibt es keine Einwohner – nur einen langgezogenen Traumstrand

CAYO LARGO (140 141 C–D4) (*C4*)

Die kleine Insel vor der Südküste Kubas ist ein einziger, lang gezogener pudriger Sandstrand. Einwohner gibt es hier keine, allerdings haben sich hier einige Hotels niedergelassen – ihre niedrigen Ferienhäuser, sogenannte *cabañas*, sind aus Holz gebaut und fügen sich deshalb harmonisch in die Inselnatur ein. Taucher und Schnorchler zieht es zu den vorgelagerten Korallengärten und Wracks versunkener Schiffe.

Cayo Largo liegt rund 80 km südlich der Zapata-Halbinsel im Golf von Cazones und ist von Varadero aus gut per Flugzeug zu erreichen.

CAYMAN ISLANDS

Die Cayman Islands liegen inmitten des Karibischen Meers, ungefähr 200 km südlich von Kuba und etwas weiter nordwestlich von Jamaika.

Die Gesamtbevölkerung der drei Inseln zählt nur knapp 52 000 Einwohner, von denen ein verhältnismäßig großer Anteil (fast 40 Prozent) Ausländer sind, die sich hier niedergelassen haben. Nicht zuletzt deshalb, aber auch wegen des florierenden Offshore-Bankwesens (die Cayman Islands sind ein Steuerparadies) und des internationalen Tourismusgeschäfts sind die Inseln sehr wohlhabend.

Für Kulturreisen eignen sich die Cayman Islands kaum, denn nennenswerte Sehenswürdigkeiten oder Museen gibt es hier nicht. Sie sind aber für Wassersportler ein Traumziel mit einem angenehmen Segelrevier, hervorragenden Tauchgründen und kilometerlangen Stränden.

GRAND CAYMAN

(141 D6) *(Ⓜ C6)* **Die größte der drei Inseln ist etwas mehr als 30 km lang und 6 km breit. Auf ihr liegt Georgetown, die Hauptstadt der britischen Kronkolonie.**

Hier befinden sich die Niederlassungen der internationalen Banken, angelockt von den günstigen Rahmenbedingungen. Grand Cayman besteht zum größten Teil aus Sumpfland, nur im Westen und

Bild: Küste bei Georgetown, Grand Cayman

Im einstigen Schlupfwinkel der Piraten residieren heute Banken aus aller Welt – die Cayman Islands sind ein Steuerparadies

Nordwesten sowie in Küstennähe haben Menschen gesiedelt. Am Seven Mile Beach im Westen liegen die meisten Hotels, direkt nördlich der Hauptstadt.

SEHENSWERTES

ATLANTIS SUBMARINE ★ ●

Das kleine Unterseeboot bringt mehrmals täglich Gruppen von Neugierigen die Wunder der Korallenriffe näher, ohne dass sie selbst zur Taucherausrüstung greifen müssten. Durch die Panoramafenster lässt sich das Tier- und Pflanzenleben am Riff vorzüglich beobachten. Melden Sie sich rechtzeitig an! *Tgl. | ab 89 US$ | Waterfront | Tel. 9 49 77 00 | www.caymanislandssubmarines.com*

INSIDER TIPP CAYMAN ISLANDS NATIONAL MUSEUM

Das Museum im ehemaligen Gerichtsgebäude gibt Aufschluss über die Piratenvergangenheit der Inseln. *Mo–Fr 9–17, Sa 10–14 Uhr | Eintritt 5 US$ | Waterfront | Georgetown*

GEORGETOWN

Das kleine Städtchen zählt 23000 Einwohner und ist ein quirliges Wirtschaftszentrum. In Georgetown haben nicht nur die Banken ihre Niederlassungen, Sie finden dort auch viele Geschäfte, die vor allem maritime Angebote für Urlauber bereithalten.

Zu Besuch bei den eleganten Stachelrochen in Stingray City

HELL

Der kleine Ort im Norden der Insel verdankt seine Popularität bei englisch sprechenden Touristen hauptsächlich seinem Namen. Die Tatsache, dass man von hier aus Postkarten „direkt aus der Hölle" verschicken kann – mit passendem Poststempel versteht sich –, ist ja auch ganz amüsant.

PEDRO ST. JAMES

Das älteste Gebäude auf Grand Cayman soll angeblich schon 1635 von einem spanischen Siedler namens Pedro Gómez errichtet worden sein. Vermutlich aber entstand es erst 1780 als befestigtes Anwesen eines Engländers. Zweimal wurde „Pedro's Castle" das Opfer von Feuersbrünsten, bevor es in seinen heutigen Zustand versetzt und zum nationalen Wahrzeichen erklärt wurde. *Tgl. 9–17 Uhr | Eintritt 10 US$ | Old Jones Bay, East End, an der Küstenstraße South Sound Road | www.pedrostjames.ky*

STINGRAY CITY ●

Ein beliebtes Ziel von Schnorchlern und Tauchern. Hier im North Sound können Sie mit zahmen Stachelrochen schwimmen. Die schönen, großen Fische gleiten mit ihren extrem breiten Flossen wie fliegende Teppiche über den Meeresboden. Wenden Sie sich an *Cayman Diver Ltd. (35–45 US$ | Tel. 9451611 | www.caymandiver.com)*.

TURTLE FARM

Der wichtigste Grund dafür, dass einst Piraten und andere Seefahrer immer wieder die Inseln ansteuerten, waren die Meeresschildkröten – ihr Fleisch und ihre Eier waren eine willkommene Ergänzung der eintönigen Bordverpflegung. Der Bestand der Schildkröten ist stark zurückgegangen; viele der Strände, die sie zur Eiablage aufsuchen, sind inzwischen in Menschenhand. Die Turtle Farm setzt einen gewissen Teil der hier aufgezogenen Tiere im Meer aus und trägt so zur Erhaltung der Art bei. Dennoch sollte man nicht übersehen, dass es sich primär um ein kommerzielles Unternehmen handelt, das Rohmaterial für Küchendelikatessen und Modeaccessoires liefert. *Mo–Sa 8–17 Uhr | 25–45 US$ | Boatswain's Beach, Northwest Point | West Bay | Tel. 9 49 38 94 | www.boatswainsbeach.ky*

ESSEN & TRINKEN

HEMINGWAY'S

Das Restaurant des Hyatt Regency Hotels am Seven Mile Beach ist auf Meeresfrüchte spezialisiert. *West Bay Road | Tel. 9 45 57 00 |* €€– €€€

REEF GRILL ★

Caymanische Küche und Live-Entertainment unter Sternen. Vorzüglich ist die mit Honig-Sojasauce marinierte Brasse mit Thai-Curry. Auf der Veranda, die von kleinen Palmen umrahmt ist, geht es etwas lässiger zu als in den stilvollen Innenräumen. Der angesagte Treff für Touristen und Insulaner! *Royal Palms Beach Club | Tel. 9 45 63 58 |* €€–€€€

THE WHARF RESTAURANT

Das Restaurant wird von Österreichern geführt. Viele der jungen Leute im Service stammen aus deutschsprachigen Ländern. Das Abendessen schmeckt auf der Veranda direkt am Meer besonders gut. *West Bay Road | Tel. 9 49 22 31 |* €€–€€€

EINKAUFEN

In ★ *Georgetown* finden Sie eine Reihe von Geschäften, die sich auf Porzellan, Schmuck, alte Gold- und Silbermünzen, zollfreies Parfüm sowie Spirituosen spezialisiert haben. Hinter dem Seven Mile Beach gibt es zudem eine Reihe von Einkaufsplazas nach amerikanischem Vorbild.

ARTIFACTS LTD.

Hier gibt es die schönsten INSIDER TIPP „Piratenmünzen", Fundstücke aus gesunkenen Schiffen, garantiert echt mit Zertifikat – aber nicht ganz billig! *Harbour Drive | Waterfront | Georgetown | Tel. 9 49 24 42*

THE BOOK NOOK

Bücher, Spiele und Geschenke finden Sie in diesem Geschäft. *Galleria Plaza | West Bay Road*

MARCO POLO HIGHLIGHTS

★ Atlantis Submarine
Tauchen Sie mit dem Unterwasserboot ins Reich Neptuns ab → S. 49

★ Reef Grill
Hotspot für Einheimische und Touristen – stilvoll innen oder lässig im Freien → S. 51

★ Einkaufen in Georgetown
Shoppingspaß nicht nur für Sammler alter Münzen → S. 51

★ Grand Cayman Beach Suites
Luxushotel mit Golfplatz und eigenem Strandabschnitt → S. 52

KIRK FREEPORT PLAZA
Ein großer Duty-Free-Komplex, u. a. mit Designerboutique, Parfümerie, Juwelier, Kristall- und Porzellanwaren. *Cardinal Ave. | Georgetown*

STRÄNDE

RUM POINT
Badestrand an der Nordseite der Insel, am Wochenende Barbecue und Livemusik im *Rum Point Club*. Gute, entspannte Atmosphäre. *North Side*

SEVEN MILE BEACH
Der feinsandige, von australischen Pinien gesäumte Seven Mile Beach ist der Vorzeigestrand von Grand Cayman. Hier stehen die meisten Hotels, es gibt Bars, Restaurants und unzählige Wassersportangebote.

LOW BUDG€T

- Übernachtungsmöglichkeiten auf den Cayman Islands sind extrem teuer. Man kann aber beim *Department of Tourism (s. Auskunft)* nach Gästehäusern mit gemeinschaftlich genutzten Küchen und Badezimmern fragen.
- *Camera Store:* Hier bekommen Sie zollfreie Digitalkameras und Zubehör, die Beratung ist freundlich und kompetent. *32, Goring Ave. | Georgetown*
- *Breadfruit Tree Garden Café:* Hier gibt es preiswertes *curry goat* und gute *jerk*-Gerichte. Die Preise liegen zwischen 6 und 8 US$; kein Alkoholausschank. *Mo geschl. | 50, Eastern Ave. | Tel. 345 9 28 89 90 | Georgetown*

AM ABEND

INSIDER TIPP LEGENDZ
Tanzpartys mit Rock-'n'-Roll-Livemusik. *The Falls Shopping Centre | Seven Mile Beach | Tel. 9 43 32 87*

THE NEXT LEVEL
Caymans neuester, luxuriösester Nightclub. *Grand Cayman | Tel. 9 46 63 98*

ÜBERNACHTEN

ELDEMIRE'S TROPICAL ISLAND INN
Nicht ganz in der Stadt, nicht ganz am Strand, gut und preiswert. *13 Zi. | Georgetown | Tel. 9 16 83 69 | www.eldemire.com* | €€

GRAND CAYMAN BEACH SUITES ★
Das Hotel liegt zwar jenseits der Straße, die am Seven Mile Beach entlangläuft, hat aber seinen eigenen, über einen Pfad erreichbaren Strandabschnitt. Dennoch ziehen viele der amerikanischen Touristen den Pool vor, in dessen Mitte sich eine Bar befindet. Schöner Golfplatz. *53 Suiten | Seven Mile Beach | Tel. 9 49 12 34 | www.grand-cayman-beach-suites.com* | €€€

SUNSET HOUSE
Das Tauchhotel liegt an einer felsigen Küste südlich von Georgetown. Gutes Restaurant. *59 Zi. | 390 South Church Street | Tel. 9 49 71 11 | www.sunsethouse.com* | €€–€€€

TURTLE NEST INN
Etwas entlegenes, kleines Strandhotel. Geräumige Zimmer und Pool mit Blick auf die Bucht. *10 Zi. | Red Bay Road | Bodden Town | Tel. 9 47 86 65 | www.turtlenestinn.com* | €€–€€€

Paradestrand von Grand Cayman: Seven Mile Beach

AUSKUNFT

CAYMAN ISLANDS DEPARTMENT OF TOURISM

Winward 3 | West Bay Road | George-town | Tel. 5990933 | www.caymanislands.ky

INSELN IN DER UMGEBUNG

CAYMAN BRAC (141 E6) (*D6*)

Cayman Brac hat seinen Namen von der kleinen Erhebung im Osten (*brac* ist Gälisch und bedeutet Hügel) – im Vergleich zu den beiden anderen flachen Inseln der Gruppe in der Tat eine Besonderheit, auch wenn das Land hier kaum 40 m hoch aus dem Meer ragt. Cayman Brac liegt ca. 140 km nordöstlich von Grand Cayman und ist nur 40 km² groß; knapp 1500 Menschen leben hier. Früher lebten die Einwohner vom Verkauf von Kokosnussprodukten, heutzutage ernährt sie der Tourismus. Wer Grand Cayman zu betriebsam findet, tut gut daran, auf Cayman Brac auszuweichen. Übernachtung: *Brac Reef Beach Resort (40 Zi. | West End Point | Tel. 9481323 | www.bracreef.com | €€–€€€).*

LITTLE CAYMAN (141 E6) (*D6*)

Little Cayman liegt knapp 10 km westlich von Cayman Brac, ist noch etwas kleiner und etwas ruhiger als seine Nachbarinsel – die Bevölkerungszahl ist nicht einmal dreistellig. Hauptattraktion der Insel ist der *Bloody Bay Marine Park*, ein fantastisches Tauch- und Schnorchelrevier. „The Wall", ein ca. 1000 m tief fallendes Korallenriff, lockt mit seiner unglaublichen marinen Vielfalt (z.B. der seltene Rotfeuerfisch, Mantarochen und Meeresschildkröten) Taucher aus aller Welt an. Unterkunft finden Sie im *Pirates Point (11 Zi. | Preston Bay | Tel. 9481010 | www.piratespointresort.com | €€–€€€).*

JAMAIKA

Der indianische Name Xaymaca lässt sich mit „Land der Wälder und Gewässer" übersetzen. Damit haben die Ureinwohner Jamaikas, die Arawaken, die Vielfalt der Inselnatur in eher bescheidene Worte gefasst.

Jamaika ist die Insel der Berge und Wasserfälle, der tropischen Wälder, der weißen Palmenstrände, der türkisblauen Badebuchten und der Zuckerrohrfelder. Die Menschen auf Jamaika (ca. 2,8 Mio. Ew.) entstammen einem bunten Völkergemisch, das neben den Nachfahren der afrikanischen Sklaven auch Inder, Chinesen und Araber sowie Engländer und andere Europäer aufzuweisen hat. Sie alle hatten linguistisch gesehen Einfluss auf das jamaikanische Patois, das auch die Grundlage für Reggae- und Calypsotexte bildet. Die meisten Jamaikaner sind freundlich und haben viel Sinn für Humor. Natürlich lässt sich nicht leugnen, dass die Insel arm ist: Das durchschnittliche Einkommen liegt bei 80 US$ im Monat. Der Tourismus ist nach der Bauxitgewinnung der größte Wirtschaftszweig des Landes, jeden Tag strömen Tausende Kreuzfahrturlauber durch die Straßen der Hafenstädte. Wenn sich also einheimische Händler ziemlich aufdringlich bemühen, Souvenirs zu verkaufen, sollte man ihre wirtschaftliche Lage berücksichtigen und sie mit freundlichem Respekt behandeln.

Man landet fast unweigerlich an der Nordküste. Der Flughafen von Montego Bay ist das Einfallstor für Urlauber. Wenn möglich, sollten Sie auch einmal einen

Bild: Buccaneer Beach bei Montego Bay

Palmenstrände, türkisfarbenes Wasser und tropische Wälder: Harry Belafontes *Island in the sun* hält, was sie verspricht

Abstecher mit dem Mietwagen unternehmen: ins Cockpit Country, in die Blue Mountains oder nach Kingston, in diesen Stadtmoloch mit Industrie, Banken, Kongresszentren, Slums und Villenvierteln. Der MARCO POLO „Jamaika" berichtet ausführlich über die Insel.

KINGSTON

(142 B5) (*Ⓜ F7*) **Eigentlich kann man Jamaika nicht verstehen, ohne seiner**

CITY **WOHIN ZUERST?**
Am besten Sie fahren mit dem Taxi von Downtown nach **New Kingston** zum Bob Marley Museum in der Hope Road. Von dort aus geht's dann weiter zum Devon House und zu den Hope Gardens. Taxikosten von Downtown nach New Kingston ca. 500 J$. Es ist nicht ratsam, in Downtown Kingston Bus zu fahren!

Hauptstadt Kingston (Großraum ca. 950 000 Ew.) einen Besuch abgestattet zu haben.
Die Stadt ist ein Jamaika für sich, sie vereint alle Gegensätze des Landes. Hier lebt ein Großteil der Bevölkerung, und Kingston ist nicht nur Regierungs- und Verwaltungssitz, sondern auch die Geburtsstätte Bob Marleys, des Rastafarianismus und des Reggae. Wie in jeder Großstadt gibt es Gegenden, die man besser meidet, vor allem nachts.

Architektur der englischen Kolonialzeit: Devon House in Kingston

SEHENSWERTES

BOB MARLEY MUSEUM
Das Plattenstudio von Bob Marley (1945–81) wurde zu einem Museum umgewandelt. Die Ausstellung, vor allem aber die immer anwesenden Anhänger des Superstars tragen viel zum Verständnis nicht nur der Musik und der Person Marleys bei, sondern auch des Lebens auf Jamaika. *Mo–Sa 9.30–16 Uhr | Eintritt 20 US$ | Hope Road | www.bobmarleymuseum.com*

DEVON HOUSE
Ein typisches Gebäude der englischen Kolonialarchitektur des späten 19. Jhs., teils mit Originalmobiliar ausgestattet. *Di–Sa 9–16.30 Uhr | Eintritt 8 US$ (mit Führung) | Hope Road | www.devonhousejamaica.com*

ROYAL BOTANICAL GARDENS AT HOPE
Der botanische Garten mit weitläufigen Anlagen und altem Baumbestand geht auf die Stiftung einer Pflanzerfamilie zurück. *Tgl. 6–18 Uhr | Eintritt frei | New Kingston | Old Hope Road*

ESSEN & TRINKEN

NORMA'S ON THE TERRACE
Norma Shirley, berühmteste Küchenchefin der Insel, benutzt für ihre kreative jamaikanische Küche nur frische Zutaten.

So geschl. | Devon House | Hope Road | Tel. 9 68 54 88 | €€

INSIDER TIPP **RED BONES – THE BLUES CAFE**
In der spanischen Kolonialresidenz gibt es jamaikanische Küche, live Jazz und Blues. *1 Argyle Road | Tel. 9 78 82 62 |* €€

EINKAUFEN

BOOKLAND
Viele Bücher über Jamaika und die Karibik. *52 Knutsford Blvd.*

JAMAICA CRAFTS MARKET
Jamaikanisches Kunsthandwerk jeglicher Art. *Port Royal Street | am westlichen Ende der Harbour Street*

AM ABEND

QUAD
Nachtclub auf vier Ebenen, unter anderem mit *Christpher's Jazz Club, Voodoo Lounge* und der Youngsterdisko *Oxygen. Trinidad Terrace | Eintritt 10–30 US$*

ÜBERNACHTEN

SPANISH COURT
Zentrale Lage in New Kingston. Dinner wird mit Livemusik am Pool serviert. *109 Zi. | 1 St. Lucia Ave. | Kingston 5 | Tel. 9 26 00 00 | www.spanishcourthotel.com |* €€€

INSIDER TIPP **STRAWBERRY HILL**
In den Hügeln mit Blick auf Kingston Bay liegt diese ehemalige Kaffee- und Obstplantage. Einzigartig ist der Brunch am Wochenende: *saltfish with ackee, jerk chicken* und andere jamaikanische Spezialitäten. *12 Zi. | Irish Town | St. Andrew | Tel. 9 44 84 00 | www.islandoutpost.com |* €€€

AUSKUNFT

JAMAICA TOURIST BOARD
64 Knutsford Blvd. | Kingston 5 | Tel. 9 29 92 00 | www.visitjamaica.com

MARCO POLO HIGHLIGHTS

★ **Blue Mountains**
Die Berge, aus denen der berühmte Kaffee kommt – auch die Plantagen kann man besichtigen → S. 58

★ **Port Royal**
Ehemaliges Piratennest und kleines Fischerdorf: Hier gibt es guten, frischen Fisch → S. 58

★ **Margueritaville**
Angesagter Treffpunkt in Montego Bay mit Rutsche ins Meer → S. 59

★ **Round Hill Hotel**
Ob in einer Villa oder einem Zimmer mit Traumblick – lassen Sie sich verwöhnen! → S. 59

★ **Rose Hall Great House**
Unweit von Montego Bay liegt dieses Plantagenhaus mit finsterer Vergangenheit → S. 59

★ **Dunn's River Falls**
Spannend und unterhaltsam ist eine Klettertour im Wasserfall → S. 62

★ **Rio Grande**
Romantische Fahrt auf einem Bambusfloß durch den Dschungel → S. 64

★ **Hotel Mocking Bird Hill**
Bei Port Antonio locken üppige Hotelgärten mit Blick auf Meer und Berge → S. 65

★ **Reach Falls**
Nicht leicht zu erreichen, aber lohnenswert: baden im Regenwald → S. 65

ZIELE IN DER UMGEBUNG

BLUE MOUNTAINS ★ (142 B5) (*🕮 F7*)
Die Blauen Berge liegen nordöstlich der Hauptstadt. Der *Peak* (Gipfel) dieses landschaftlich faszinierenden Gebirges ist 2256 m hoch. Wenn Sie eine der Plantagen besichtigen möchten, auf denen der berühmte Blue Mountain Coffee angepflanzt wird, fragen Sie sich nach *Mavis Bank* (ca. 20 km von Kingston) durch – dort zeigt man Interessenten gern die Felder mit den Kaffeesträuchern. *Von Kingston aus auf der A 3*

In Mavis Bank werden die Kaffeebohnen aus den Blauen Bergen sortiert

PORT ROYAL ★ ● (142 B5) (*🕮 F7*)
Auf der Halbinsel, die im Süden den Hafen von Kingston gegen das offene Meer schützt, liegt nicht nur der internationale Flughafen, sondern auch ein kleines Fischerdorf mit einem berühmten Namen: Port Royal war die erste englische Hauptstadt der Insel, hier hatten Henry Morgan und andere Piraten ihr Hauptquartier. Die beeindruckende, gut erhaltene Befestigungsanlage *Fort Charles* beherbergt das *Fort Charles Maritime Museum (tgl. 9–16 Uhr | Eintritt 10 US$)*. Außerdem kann man die alten Speicheranlagen besichtigen. Die Straßenpubs in Port Royal servieren den frischsten Fisch der Insel!

SPANISH TOWN (142 B5) (*🕮 F7*)
Die etwa 25 km westlich gelegene Stadt (162 000 Ew.), Kingstons Vorgängerin als Hauptstadt Jamaikas, wurde 1534 von den Spaniern gegründet. Der zentrale Platz *The Park* ist ein schönes Beispiel früher kolonialer Bebauung.

MONTEGO BAY

(142 A5) (*🕮 E7*) **Die zweitgrößte Stadt Jamaikas (82 000 Ew.) war schon immer das Zentrum der Nordküste.**

Von hier aus wurden die Erzeugnisse der nahe gelegenen Plantagen verschifft, und hier kamen die Luxusgüter aus Europa an, auf die die Pflanzer nicht verzichten mochten. Heute ist nicht mehr der Hafen das Einfallstor, sondern der Flughafen; transportiert werden nicht mehr Zucker, Melasse und Sklaven oder Porzellan und Pariser Mode, sondern Touristen.

SEHENSWERTES

GREENWOOD GREAT HOUSE

Altes Plantagenhaus mit wertvollen Antiquitäten und Musikinstrumenten sowie einer Bibliothek, die das Herz eines jeden Bücherwurms höher schlagen lässt. *Tgl. 9–16 Uhr | Eintritt 20 US$ | ca. 24 km östlich von MoBay*

ROSE HALL GREAT HOUSE ★ ●

Ein sinistres Plantagenhaus mit Treppen aus Mahagony und Seidentapeten: Im 18. Jh. herrschte hier die „Witch of Rose Hall", eine Pflanzerin, die wegen ihrer weit über das Übliche hinausgehenden Grausamkeit den Sklaven gegenüber berüchtigt war. *Tgl. 9–15 u. 16.30–21 Uhr | Eintritt 20 US$ | wenige Kilometer östlich von MoBay*

ESSEN & TRINKEN

HOUSEBOAT GRILL

Das Hausboot-Restaurant ist in einer Lagune festgemacht. INSIDER TIPP Der Boden ist teilweise verglast, sodass man Rochen und Barrakudas beobachten kann. Auf dem Oberdeck können Sie an Cocktails nippen und den Blick übers Meer genießen. *Southern Cross Blvd. | Montego Freeport | Tel. 9 79 88 45* | €€

THE NATIVE

Im Baumschatten auf einer Steinterrasse werden Spezialitäten wie die Süßspeise *duckunoo* serviert. *29 Gloucester Ave. | Tel. 9 79 27 69* | €–€€

EINKAUFEN

GALLERY OF WEST INDIAN ART

Hier können Sie jamaikanische und haitianische Gemälde, Keramiken und Holzschnitzereien erwerben. *11 Fairfield Road*

HALF MOON SHOPPING VILLAGE

Boutiquen, Restaurants, eine Bank und eine Postfiliale im Half Moon Hotel. *North Coast Highway*

STRÄNDE

Die beliebtesten Strände in und um Montego Bay sind *Cornwall Beach, Doctor's Cave Beach* und *Walter Fletcher Beach*.

AM ABEND

MARGUERITAVILLE ★

Der coole Hangout bietet außer Margueritas auch andere Drinks und gutes Essen. In der lebhaften Disko gibt es nachts Livemusik. Eine Baderutsche befördert kühlungsbedürftige Gäste direkt ins Meer. *Tgl. ab 22 Uhr | Eintritt am Wochenende 10 US$ | Gloucester Ave. | Tel. 9 52 47 77*

ÜBERNACHTEN

RIDGEWAY GUESTHOUSE

Das Guesthouse liegt in der Nähe des Flughafens. Es bietet einfache, freundliche und saubere Zimmer. *10 Zi. | 34 Queen's Drive | Tel. 9 52 27 09 | www.ridgewayguesthouse.com* | €

ROUND HILL HOTEL ★

Jede der 27 Villen hat ihre eigene *maid.* Sie können aber auch in einem der 36 Zimmer mit Ausblick auf das Meer wohnen. Elegante Atmosphäre. *Tel. 9 56 70 50 | www.roundhill.com | €€€*

AUSKUNFT

JAMAICA TOURIST BOARD

Cornwall Beach/Gloucester Ave. | Tel. 9 52 44 25

ZIELE IN DER UMGEBUNG

COCKPIT COUNTRY (132 A5) (*🗺 E7*)

Früher verbargen sich die Maroons, entlaufene Sklaven aus der Zeit der Kolonialherrschaft und deren Nachfahren, in dem kargen Bergland. Besonders sehenswert ist der Hauptort INSIDER TIPP *Accompong*, in dem noch annähernd 3000 Maroons leben. Wer das schwer zugängliche Gebiet südwestlich von Montego Bay erkunden will, sollte vorher beim Tourist Board Informationen einholen. Die Freundlichkeit der Maroons lässt die Anfahrt auf schlechten Wegen schnell vergessen.

FALMOUTH (132 A5) (*🗺 E7*)

Der kleine Ort (7400 Ew., ca. 35 km östlich) war früher ein Zuckerhafen. Noch heute kann man im Stadtzentrum schöne Häuser aus jener Zeit entdecken. In einem ehemaligen Herrenhaus wohnt man im INSIDER TIPP *Good Hope (13 Zi. | Trelawny | Tel. 4 69 34 44 | www.goodhopejamaica.com | €€€)*, umgeben von alten Möbeln, Stichen und Porzellan.

NEGRIL

(142 A5) (*🗺 E7*) **Negril (5000 Ew.) verdankt seine Beliebtheit den Hippies, die hier in den 1970er-Jahren ein Robinson-Crusoe-Leben führten.**

Die Hütten der Blumenkinder sind heute zwar Hotels gewichen, aber es hat sich viel von der unkonventionellen Atmosphäre gehalten. Abends tanzt man hier noch immer zu Reggae am Strand.

ESSEN & TRINKEN

COSMO'S SEAFOOD

Frischer Fisch in einem zum Meer hin offenen Strandbistro. Hier lässt sich gut der ganze Tag verbringen. *Norman Manley Blvd. | Tel. 9 57 43 30 | €*

KUYABA ON THE BEACH

Internationale Küche steht hier auf der Karte. Wer gerade nicht isst, kann es sich auf den Liegen am Strand gemütlich machen. *Norman Manley Blvd. | Tel. 9 57 43 18 | €*

EINKAUFEN

NEGRIL CRAFTS PARK

20 Stände, an denen man witzige T-Shirts, Holzschnitzereien und anderes Kunsthandwerk kaufen kann. *Beach Road | beim Community Centre*

STRAND

Der Strand in Negril ist der *Seven Mile Beach:* Kilometer um Kilometer weißer Bilderbuch-Sandstrand.

AM ABEND

THE JUNGLE

Heißer Treffpunkt für Diskogänger. *Norman Manley Blvd. | Tel. 9 57 40 05*

ÜBERNACHTEN

CHARELA INN

Im mittleren Abschnitt des Seven Mile Beach liegt dieses kleine Hotel, dessen Gebäude um einen schönen, runden Swimmingpool gruppiert sind. *49 Zi. |*

Negril Beach | Tel. 9 57 42 77 | www.charela.com | €–€€

NEGRIL YOGA CENTRE

Die sieben *cottages* mit insgesamt 13 Zimmern sind einfach, aber komfortabel. Yogaunterricht gibt es schon ab 10 US$ für Gäste und für 15 US$ für Nicht-Gäste. Ideal für Alleinreisende. *Beach Road | Tel. 9 57 43 97 | www.negrilyoga.com* | €

AUSKUNFT

NEGRIL TOURIST ASSOCIATION

Norman Manley Blvd. | Tel. 87 68 01 40 44

ZIELE IN DER UMGEBUNG

APPLETON RUM ESTATE

(142 A5) (*E7*)

Man kann den scharfen Maischegeruch schon Wahrnehmen, bevor man die größte Rumbrennerei der Insel erreicht hat. Ein 45-minütiger Rundgang führt zur Destillerie und zur Lagerhalle mit den Rumfässern. Der hochprozentige Tropfen wird schon seit 1749 hier hergestellt! *Mo–Sa 9–15.30 Uhr | Eintritt 25 US$ | Maggotty | Siloah Valley*

BAMBOO AVENUE (142 A5) (*E7*)

Südöstlich von Negril wird dieser fast 5 km lange Abschnitt der A 2 von beiderseits stehenden Bambusgruppen überschattet.

BLACK RIVER (142 A5) (*E7*)

Rund 60 km südöstlich von Negril gelegenes Seestädtchen mit Gebäuden im georgianischen Stil. Im längsten Fluss Jamaikas, dem Black River, und im umliegenden „Großen Morast" schwimmen die letzten Spitzkrokodile der Insel, zu denen Sie auch Bootstouren unternehmen können (s. S. 116).

Im Appleton Rum Estate wird einer der besten Rums der Welt gebrannt

OCHO RIOS

(142 B5) (🗺 F7) **Ocho Rios (10 300 Ew.) ist ein sehr lebhaftes Städtchen an der Nordküste Jamaikas und einer der wichtigsten Kreuzfahrthäfen der Insel.**
Der Ort ist schon seit langer Zeit das liebste Urlaubsziel für die Bewohner von

Die Dunn's River Falls garantieren herrlich erfrischendes Vergnügen

Kingston. Die Schönheit der Dunn's River Falls zieht außerdem viele Tagesbesucher aus Montego Bay an.

SEHENSWERTES

DUNN'S RIVER FALLS ★

Die Kaskaden, die westlich von Ocho Rios 200 m tief in vielen Stufen ins Meer fallen, sind etwas Besonderes: einerseits aufgrund ihrer Schönheit, andererseits auch wegen des erheiternden Anblicks, den die langen Touristenschlangen bieten, die sich an der Hand eines einheimischen Führers im Wasser die Fälle hinaufquälen. *Tgl. 8.30–16 Uhr | Eintritt 20 US$ | auf der A 3 in westlicher Richtung, ausgeschildert auf Höhe Mammee Bay*

INSIDER TIPP FERN GULLY

Kurz außerhalb der Stadt gelangt man auf dem Weg nach Kingston zu einem atemberaubenden Straßenabschnitt, der sich durch schmale Schluchten in die Berge hinaufwindet. An den Seiten wächst eine Unzahl von Farnen: vom kleinen, kaum mit bloßem Auge erkennbaren bis hin zum riesigen Baumfarn. Auf Jamaika gibt es über 550 verschiedene Farnarten, hier sind viele von ihnen vertreten.

SHAW PARK BOTANICAL GARDENS

Die wunderbaren Gartenanlagen – es gibt sogar einen Wasserfall – liegen auf einem Hügel 167 m oberhalb der Stadt mit schönem Blick auf Ocho Rios und das Meer. *Tgl. 8–17 Uhr | Eintritt 10 US$*

ESSEN & TRINKEN

EVITA'S

Italienische *cucina casalinga* in ihrer besten – karibisch beeinflussten – Form. Der Blick über Ocho Rios ist fantastisch. *Mantalant Inn | Tel. 9 74 23 33 | €€*

OCHO RIOS VILLAGE JERK CENTRE

Freuen Sie sich auf eiskaltes Red-Stripe-Bier sowie auf höllisch scharfes *jerk chicken* und *jerk pork*. *Da Costa Drive | Tel. 9 74 25 49 | €*

EINKAUFEN

HARMONY HALL

In diesem Great House einer ehemaligen Plantage werden Kunst und Kunsthandwerk aus jamaikanischer Produktion verkauft. *Di–So 10–18 Uhr | ein paar Kilometer entfernt an der Straße nach Oracabessa*

STRÄNDE

Am *Mallard's Beach* liegen mehrere große Hotels, etwas ruhiger ist der *Turtle Beach*.

AM ABEND

AMNESIA NIGHT CLUB

Angesagte Dancehall-Disko mit Terrasse zum Chillen. *70 Main Street*

ÜBERNACHTEN

HIBISCUS LODGE

Kleiner als viele der modernen Hotelanlagen in Ocho Rios, wegen der ruhigen Atmosphäre von Europäern gern besucht. *26 Zi. | Main Street | Tel. 9 74 26 76 | €€*

SANDALS ROYAL PLANTATION

Über dem Meer thront das Haupthaus mit den Restauranträumen, in den Seitenflügeln liegen die Gästezimmer (alle mit eigenem Balkon und Meerblick). Service und Essen sind vorzüglich. ● Kostenlose Segeltouren für Gäste, die länger als fünf Nächte bleiben. *74 Zi. | Main Street | Tel. 9 74 56 01 | www.sandals.com | €€€*

AUSKUNFT

JAMAICA TOURIST BOARD

Ocean Village Plaza | Tel. 9 74 25 82

ZIELE IN DER UMGEBUNG

PORT MARIA (142 B5) (*F7*)

Ca. 17 km östlich von Ocho Rios entfernt liegt der Ort mit dem vom Jamaican National Trust verwalteten Haus des englischen Schriftstellers Noël Coward. *Tgl. 9–17 Uhr | Eintritt 10 US$ | Firefly*

RUNAWAY BAY (142 B5) (*F7*)

Der traumhaft schöne Strand ca. 40 km westlich von Ocho Rios ist sozusagen die Grundlage für eine dicht gereihte Hotelkomplexkette amerikanischen Zuschnitts.

PORT ANTONIO

(142 B5) (*F7*) **An einer Doppelbucht im Osten der Nordküste liegt Port Antonio (14 000 Ew.), der erste Ort auf Jamaika, der von den Nordamerikanern als Urlaubsziel entdeckt wurde.**

Es war der Hollywoodschauspieler Errol Flynn, der die Vorzüge des geschützten Naturhafens und die Schönheit der Region erkannte und dem Jetset seiner Zeit bekannt machte.

Einschiffen und entspannen: Floßfahrt auf dem Rio Grande

SEHENSWERTES

NAVY ISLAND

Die Insel in der Bucht von Port Antonio war einst Privatbesitz Errol Flynns. Ein Besuch lohnt sich auch wegen der schönen Strände im Norden der Insel. *Mietboote vom Hafen*

RIO GRANDE ★ ●

Ein ganz besonderes Erlebnis: auf einem Bambusfloß den Fluss hinuntergleiten, der von mal kiesigen, mal bambusbestandenen Ufern gesäumt ist. Auf dem Floß mit einem eigenen „Gondoliere" schippern Sie sanft dahin – und können zur kurzen Abkühlung auch einfach kurz aussteigen. Auf der A 4 westlich von Port Antonio ist das „Riverrafting" ausgeschildert. *Tgl. 9–17 Uhr | Kosten 72 US$ pro Floß (zwei Personen), Fahrtdauer eineinhalb bis zwei Stunden*

ESSEN & TRINKEN

THE BEST KEPT SECRET

Typisch karibisch blau-gelb gestrichenes Häuschen. Von hier aus hat man einen schönen Blick auf Port Antonio. Sehr gute jamaikanische Hausmannskost und *High Tea! Main Road | Tel. 8 09 62 76* | €–€€

INSIDER TIPP MILLE FLEURS

Köstliche jamaikanische Gourmetküche auf den Hügeln oberhalb Port Antonios. Pasta und Saucen sind selbst gemacht, und es werden nur frische, regionale Zutaten verwendet. *Im Hotel Mocking Bird Hill | Tel. 9 93 72 67* | €€€

STRAND

BOSTON BAY

Die schöne Badebucht ist mit Duschen ausgestattet, und der Wellengang erlaubt erste bescheidene Versuche im Wellenreiten. Hier gibt es INSIDER TIPP das beste *jerk pork* und *jerk chicken* der Insel. *An der A 4 östlich von Port Antonio*

AM ABEND

ROOF CLUB

Der bekannteste Nachtclub in Port Antonio; vor allem Freitag- und Samstagnacht: Partystimmung mit lautem Reggae und Soca! *Ab 23 Uhr | Eintritt frei, am Wochenende 5 US$ | 11 West Street*

ÜBERNACHTEN

INSIDER TIPP DE MONTEVIN LODGE HOTEL

Das Kolonialgebäude aus rotem Backstein bietet saubere und komfortable Zimmer, einige mit schönem Blick auf den Hafen. Empfehlenswertes Restaurant. *13 Zi. | 21 Fort George Street | Tel. 9 93 26 04 | €–€€*

HOTEL MOCKING BIRD HILL ★

Etwas östlich von Port Antonio liegt dieses kleine Hotel im karibischen Baustil – auf einem Hügel mit Blick sowohl auf die Blue Mountains als auch auf das Meer. Angelegte Wege führen durch die üppige Vegetation der Hotelgärten. Die Besitzerinnen sind kunstinteressiert und haben eine eigene Galerie. Zudem wird sich vor allem beim Essen ökologisch engagiert: Serviert wird Slow Food mit Zutaten direkt vom benachbarten Bauern oder Fischer. *10 Zi. | Tel. 9 93 72 67 | www.hotelmockingbirdhill.com | €€*

AUSKUNFT

JAMAICA TOURIST BOARD

City Centre Plaza | Tel. 9 93 30 51 und 9 93 25 87

ZIEL IN DER UMGEBUNG

REACH FALLS ★ (142 B5) (*F7*)

Dieser Wasserfall (ungefähr 20 km südöstlich von Port Antonio) ist nicht leicht zu erreichen, lohnt aber unbedingt einen Besuch. Der Driver River mündet hier in einem Naturpool: Die grünen Becken mit dem kristallklaren Wasser unterhalb des Wasserfalls sind mehr als einen Meter tief. Sie können in einem kleinen Becken unterhalb des herabfallenden Wassers ein kühlendes Bad nehmen und nachher frische Kokosnussmilch trinken. In der Nähe gibt es Umkleidekabinen, ein Besucherzentrum und Erfrischungsstände – dadurch hat der Wasserfall allerdings leider etwas von seiner Unberührtheit verloren. *Mi–So 8–16 Uhr | Eintritt 10 US$*

LOW BUDG€T

- *Route Taxis:* Die zumeist weißen Toyotas sind eine billige Alternative der Fortbewegung. Die Taxis haben rote Nummernschilder. Auf festgelegten Routen werden so viele Fahrgäste eingesammelt, wie reinpassen (halbstündige Fahrt ca. 2 US$, eine Stunde 3 US$).
- Der berühmte *Blue Mountain Coffee* ist in den Duty-Free-Shops der Flughäfen wesentlich billiger als in den Supermarkten oder Souvenirläden.
- Gute *patties* (Teigtaschen) und *spice buns* (Würzbrötchen mit Muskat und Ingwer) für 3–8 US$ gibt es in der *Coronation Bakery* in Port Antonio. *Musgrave Market | 18 West Street*

DOMINIKANISCHE REPUBLIK

Die Dominikanische Republik hat oft mit ihren Nachbarinseln das Schicksal geteilt: entdeckt von Kolumbus, kolonisiert durch die Spanier, zur Zuckerinsel avanciert, vernachlässigt von den Spaniern, nach Unabhängigkeit strebend, unter der Diktatur leidend und zuletzt von den USA überfallen.

Kuba und Puerto Rico haben dies ganz ähnlich erlebt. Dennoch ist die Dominikanische Republik anders, ein Staat mit eigener Geschichte, einer von zweien auf einer Insel. Und die Nachbarschaft mit Haiti ist keineswegs immer eine gute gewesen.

Die Dominikaner sind ein selbstbewusstes, ja stolzes Volk. Auch das haben sie mit ihren spanischstämmigen Nachbarn gemein. Und sie haben, wie jene, auch Grund zu diesem Stolz. Nicht nur wegen der Schönheit ihres Landes und seiner traditionsreichen Geschichte, sondern auch wegen ihrer eigenen Leistungen in der Gegenwart. Trotz der rasanten Entwicklung des Tourismus befindet sich die Dominikanische Republik noch immer lediglich auf der Schwelle zum modernen Industriestaat.

Die Tatsache, dass der östliche Teil der Insel Hispaniola das beliebteste Urlaubsziel der Karibik ist, hat die schwierige wirtschaftliche Lage der Bevölkerung kaum verändert. Viele Dominikaner verlassen das Land, um auf Nachbarinseln oder in den USA Arbeit zu finden. Auch der Trend des All-Inclusive-Urlaubs schleust die Devisen förmlich an den Einheimischen vorbei.

Bild: Strand von Punta Cana

Der östliche Teil der Insel Hispaniola ist das beliebteste Urlaubsziel der Karibik – leider profitieren nur wenige Einheimische davon

Für die meisten Dominikaner selbst hat dies alles allerdings nur eine untergeordnete Bedeutung: Sie kennen und lieben ihr Land so, wie es ist. Und sie zeichnen sich aus durch Lebensfreude, die sich bei jeder Gelegenheit offenbart: bei einem Fest zu Ehren des Namenspatrons eines Dorfes, beim Dominospiel nach Feierabend oder beim Merenguetanz am Samstagabend.
Ausführliche Informationen finden Sie im MARCO POLO Band „Dominikanische Republik".

BARAHONA

(144 A3) (🗺 J7) **Im tiefen Südwesten der Insel, nahe der Grenze zu Haiti, liegt die touristisch noch wenig erschlossene Provinz Barahona mit der gleichnamigen Hafenstadt (80 000 Ew.).**
Die Küstenstraße windet sich von Dorf zu Dorf, vorbei an Buchten, kleinen Stränden, Wasserfällen und Palmenhainen.

ESSEN & TRINKEN

MELO'S CAFÉ
Unprätentiöser kleiner Laden mit tollem Frühstück und preiswerter Abendkarte (z. B. Ziegenstew mit Kochbananen und Avocado). *Anacoana 12 | Tel. 809 5 24 54 37 | €*

Bewohner der Isla Cabritos: ein Leguan

ÜBERNACHTEN

INSIDER TIPP **CORAL SOL RESORT**
Südlich von Barahona gelegenes Kleinod, dass sich von den Hügeln durch Blumen und Palmen bis zum wilden Sandstrand herunterzieht. Toller Blick aufs Meer, großartige Küche mit Bioanspruch! *6 Bungalows | Carretera Costa | Tel. 809 2 33 48 82 | www.coralsolresort.com | €*

ZIELE IN DER UMGEBUNG

BAHIA DE LAS ÁGUILAS
(143 F5) *(J7)*
Durch die kakteengesäumte Wüstenlandschaft geht es zur „Adlerbucht", einem jungfräulichen Naturstrand mit kristallklarem Wasser und Puderzuckersand. Beim Restaurant *Rancho Tipico* bei Cabo Rocho kann man sich mit einer *lancha*, einem kleinen Boot, für 1,5 Pesos hinüberbringen lassen. *Ca. 70 km südwestl.*

BAORUCO (144 A2) *(J7)*
Das verschlafene Fischerdorf hat einen bezaubernden Strand, an dem sich kleine Beachbars angesiedelt haben. Unterkunft: *Casa Bonita Tropical Lounge (12 Suiten | Carretera de la Costa | Tel. 809 4 76 50 59 | www.casabonitadr.com | €€–€€€)*, eine auf einem Hügel über der Stadt gelegene Öko-Lodge. Der Blick aufs Meer und den dicht bewachsenen Urwald ist spektakulär! Das Restaurant kocht mit natürlichen Zutaten aus dem eigenen Garten. *Ca. 15 km südl.*

LAGO ENRIQUILLO (144 A2) *(J7)*
Ca. 100 km westlich von Barahona kommen Sie an den Lago Enriquillo, einem ca. 200 km² großen See mit interessanter Tier- und Pflanzenwelt des *Nationalparks Jaragua*. Auf der Insel ★ *Isla Cabritos* leben noch etwa 300 Exemplare der bis zu 7 m langen Spitzkrokodile, die man vor allem nachts gut beobachten kann. Der Naturpark ist auch Lebensraum für Flamingos und andere, seltene Vogelarten sowie für Leguane, Schildkröten und Manatis (Seekühe).

BOCA CHICA

(144 B2) *(K7)* **Der Ort (ca. 25 km östlich von Santo Domingo) schmiegt sich um eine kleine, geschützte Bucht mit kristallklarem Wasser. Trotz aller Idylle ist es hier am Wochenende schmerzlich überlaufen.**

Für Beach Partys mit dröhnender Musik aus Autoradios sollten Sie also schon in

Stimmung sein. Tagsüber gute Wassersportmöglichkeiten.

Holzhaus am Lago Enriquillo

SEHENSWERTES

LA CALETA PARQUE NACIONAL SUBMARINO

Das naturgeschützte Korallenriff beherbergt ein erkundenswertes Piratenschiffswrack aus dem 18. Jh. (eine spanische Gallone) und einen erst 1999 gesunkenen Frachter. Außerdem laden Grotten und Höhlen sowie eine intakte Unterwasserwelt zum Tauchen und Schnorcheln ein. *Caribbean Divers | Duarte 28 | Tel. 8 54 34 83 | www.caribbeandivers.de*

ESSEN & TRINKEN

BOCA MARINA

Exzellenter frischer Fisch und Meeresfrüchte. Nach dem Essen kann man von der Veranda des Restaurants aus direkt ins Meer springen und schwimmen! *Prolongación Duarte 12 | Tel. 5 23 67 02 | €€*

ÜBERNACHTEN

NEPTUNOS

Gemütliches, preiswertes Strandhotel mit freundlichem Personal. *23 Zi. | Prolongación Duarte 15 | Tel. 5 23 99 34 | www.refugionetunos.com | €*

MARCO POLO HIGHLIGHTS

★ **Isla Cabritos**
Spitzkrokodile, Flamingos und Seekühe auf der Insel im Lago Enriquillo → S. 68

★ **Pico Isabel de Torres**
Aufstieg auf den Hausberg von Puerto Plata ganz bequem per Seilbahn → S. 70

★ **Acuarela**
Köstliches Essen, echte Gemälde und Livemusik in Puerto Plata → S. 71

★ **Altos de Chavón**
Das Künstlerdorf im Stil der Kolonialzeit beherbergt viele Ateliers und Gallerien → S. 73

★ **Los Haïtises**
Nur mit dem Boot zu erreichen, ist dieser Nationalpark an der Bucht von Samaná → S. 75

★ **Las Terrenas**
Traumstrand mit gemütlichen Hotels zwischen Palmenhainen und Bananenplantagen → S. 76

★ **Zona Colonial**
In der ehrwürdigen Altstadt von Santo Domingo spüren Sie das spanische Erbe → S. 77

★ **Guácara Taína**
In Santo Domingo: Nachtleben in der Grotte → S. 79

ZIEL IN DER UMGEBUNG

JUAN DOLIO (144 B2) (*🕮 K7*)
Urlaubszentrum am lang gestreckten Küstenstreifen im Süden der Insel. In den 1980er-Jahren wurde der Ort mit All-Inclusive-Resorts bebaut. Hier gibt es gute Restaurants, lebhaftes Nightlife und unzählige Wassersportmöglichkeiten. Unterkunft: *Fior di Loto (24 Zi. | Calle Principal | Tel. 5 26 11 46 | €). Ca. 16 km östl.*

PUERTO PLATA

(144 A1) (*🕮 K6*) **Puerto Plata (146 000 Ew.) ist das Einfallstor für die Touristen, die im Nordwesten der Insel, der sogenannten Bernsteinküste, landen.**

Viele von ihnen sehen nicht viel mehr als diesen Ort, ihr Hotel und den Flughafen. In der Altstadt von Puerto Plata finden sich sehr schöne – oft renovierungsbedürftige – Bauten aus der Kolonialzeit. Ein Spaziergang am *Malecón*, der auf einer Länge von etwa 5 km parallel zum Strand verläuft, oder eine Rast im Schatten unter den Bäumen des *Parque Central* vermitteln einen Eindruck von Beschaulichkeit in der rastlosen Hektik der Stadt.

SEHENSWERTES

FORTALEZA SAN FELIPE
Das Fort von 1540 diente früher der Verteidigung gegen die ständig drohenden Piratenangriffe auf Stadt und Hafen. Es wurde schön restauriert und beherbergt eine kleine militärhistorische Ausstellung. *So–Fr 9–17 Uhr | Eintritt 100 RD | Malecón (am Hafen)*

MUSEO DEL ÁMBAR ●
Bernstein wird an der ganzen Nordküste gefunden. Die hier ausgestellte Sammlung ist erlesen und informativ. *Mo–Fr 9–17, Sa 9–12 Uhr | Eintritt 50 RD | Calle Duarte 61 | www.ambermuseum.com*

OCEAN WORLD ADVENTURE PARK
Der Park beeindruckt mit seiner Größe und Tierwelt: Sie können in einem Riffaquarium mit Haien und Rochen schnorcheln, mit Seelöwen spielen und als Höhepunkt mit Delphinen und weißen Tigern schwimmen – letztere sind durch eine Glasscheibe getrennt. In einer Voliere fliegen tropische Vögel frei umher. *Di–So 9–17 Uhr | Eintritt 55–145 US$ | Cofresí | Straße nach Santiago | Tel. 2 91 10 00 | www.oceanworld.net*

PICO ISABEL DE TORRES ★
Der Hausberg Puerto Platas erhebt sich bis zu einer Höhe von fast 800 m. Sie

AUSFLUG NACH HAITI

Wer mutig ist und sich von den instabilen politischen Verhältnissen und der Armut Haitis nicht abschrecken lässt, kann die Grenze zur Nachbarin per Bus zwischen Malpasse und Jimaní täglich von 8 bis 18 Uhr überqueren. Von Santo Domingo aus fährt *Terrabus (Guarouya 4 | Tel. 5 31 03 83)* jeden Tag nach Port-au-Prince, der Hauptstadt Haitis, und zurück. Autofahren ist für Ausländer jenseits der Grenze nicht erlaubt.

müssen nicht klettern, um die Sicht vom Gipfel zu genießen – bequem geht es mit der Seilbahn den Berg hinauf. Oben warten eine Nachbildung der bekannten Christus-Statue von Rio de Janeiro und ein kleiner botanischer Garten auf

LUCIA
Das Restaurant besticht durch innovative Küche in eleganter Atmosphäre. Probieren Sie die Entenbrust mit Rum-Mangosauce! *Casa Colonial | Playa Dorada | Tel. 3 20 32 32* | €€

Ein schönes Plätzchen zum Ausruhen beim Fort San Felipe

Besucher. *Seilbahn Do–Di 9–16 Uhr | 350 RD | südwestlich der Stadt Richtung Santiago*

ESSEN & TRINKEN

ACUARELA ★
Exzellente Küche in einem alten Holzhaus mit Garten. Spezialitäten sind Meeresfrüchte wie Hummer und Scampi, aber auch Lamm und Huhn in Thai-Basilikum. *Calle Prof. Certad 3 | Tel. 2 61 10 00* | €€€

CAFÉ CITO
Das Café, an der Straße zur Playa Dorada, liegt etwas abseits vom Rummel. Sehr gutes Essen bei Jazzmusik. *Tel. 5 86 79 23* | €

EINKAUFEN

HARRISON'S
Schön gearbeiteter Schmuck aus Bernstein und Larimar. *Calle Duarte | Playa Dorada Plaza*

AM ABEND

CRAZY MOON
Gut besuchte Disko mit Latin Music und Hip-Hop. *Paradise Beach Club & Casino | Playa Dorada*

ÜBERNACHTEN

APARTA-HOTEL LOMAR
Direkt an der Uferstraße gelegenes Stadthotel. Einige der Zimmer haben

Balkone mit Blick aufs Meer. *18 Zi. | Avda. Malecón | Tel. 3 20 85 55 | €*

GRAN VENTANA BEACH RESORT
Neues Resort nahe dem Golfplatz. Drei Restaurants, fünf Bars, *Kids' Club* und alle Annehmlichkeiten. *510 Zi. | Playa Dorada | Tel. 3 20 21 11 | www.granventanahotel.com | €€*

HOTEL VICTORIANO
Kleines, freundliches Hotel in einer Seitenstraße des Zentrums von Puerto Plata. *25 Zi. | Calle San Felipe 33 | Tel. 5 86 97 52 | €*

AUSKUNFT

TOURISTENINFORMATION
José del Carmen Ariza 45 | Tel. 5 86 36 76

ZIELE IN DER UMGEBUNG

CABARETE (144 B1) *(🕮 K6)*
Seit das 8000 Einwohner zählende Dorf an der Küste (ca. 25 km östlich von Puerto Plata) von Windsurfern entdeckt wurde, ist hier richtig was los. Vor allem junge Leute haben die Infrastruktur mit Gästehäusern und Strandbars geprägt. Im Juni wird hier die *World Windsurf Championship* ausgetragen. *Das* Hotel für Kitesurfer ist das *Kite Beach Hotel (30 Zi. | Carretera Sosúa Cabarete | Tel. 809 5 71 08 78 | www.kitebeachhotel.com | €€–€€€)*. Die Zimmer haben Balkone, es gibt einen Pool und eine Beachbar, und man kann Kiteboardunterricht nehmen. Die angesagte Disko *Onno's* liegt am Strand (Eingang bei *Harrison's Jewellers*). Von Mitternacht bis 4 Uhr morgens drängt sich hier die Kiterszene.

PLAYA GRANDE (144 B1) *(🕮 K6)*
Der feine Sand dieses Strandes scheint wie aus Puderzucker. Playa Grande liegt rund 100 km östlich der Stadt; an dem Strand hat sich der All-Inclusive-Tourismus etabliert.

SANTIAGO DE LOS CABALLEROS
(144 A1–2) *(🕮 K6)*
Die Industriestadt (700 000 Ew.) ist die zweitgrößte Stadt der Dominikanischen Republik und liegt ca. 40 km südlich von Puerto Plata. Den Touristen bietet sie allerdings nicht viel. Da Santiago in einem wichtigen Tabakanbaugebiet liegt, werden Zigarrenraucher vielleicht am *Museo del Tabaco (Di–Fr 9–12 und 14–17 Uhr | Eintritt frei | Avda. 16 de Agosto)* interessiert sein, das dem Tabakanbau und seiner Geschichte gewidmet ist.

SOSÚA (144 B1) *(🕮 K6)*
Die 30 km östlich von Puerto Plata gelegene Stadt wurde 1940 zum Zufluchtsort für deutsche und österreichische Juden. Viele dieser Exilanten zogen in die Vereinigten Staaten weiter, sodass sich heute nur noch wenige Familien auf ihre Herkunft und ihren Glauben besinnen. Trotzdem ist noch immer Deutsch auf den Straßen des 20 000-Einwohner-Ortes zu hören, der zu einem beliebten Ferienziel geworden ist.

LA ROMANA

(144 C2) *(🕮 L7)* **Die Hafenstadt (100 000 Ew.) liegt an der Südküste der Dominikanischen Republik, ungefähr 130 km östlich der Hauptstadt Santo Domingo.**
Sie ist ein wichtiges regionales Zentrum, vor allem für die Zuckerindustrie, und hat sich vor allem durch nordamerikanische Investitionen zu einem der bedeutenden Ferienorte des ganzen Landes entwickelt.

SEHENSWERTES

ALTOS DE CHAVÓN ★

Obwohl erst Ende der 1970er-Jahre entstanden, erweckt das Künstlerdorf dennoch auf sehr gelungene Weise den Eindruck einer Siedlung aus der spanischen Kolonialzeit. In den verschiedenen kleinen Gebäuden sind Ateliers und Werkstätten untergebracht sowie Geschäfte, in denen die Werke der Künstler und Kunsthandwerker verkauft werden, außerdem gibt es Restaurants und Apartments. Ein guter Zigarrenladen *(Casa Montecristo Cigar Lounge)* ist hier ebenfalls vorhanden. Wenn Sie das Dorf besuchen, sollten Sie auch einen Blick auf das große *Amphitheater* werfen. Das *Museo Arqueológico Regional (tgl. 8–21 Uhr | Eintritt frei)* bietet interessante Informationen und eine anschauliche Sammlung zum Leben in der Taino-Zeit. *Wenige Kilometer östlich der Hotelanlage Casa de Campo | www.altosdechavon.com*

ESSEN & TRINKEN

THE BEACH CLUB BY LE CIRQUE

Meeresfrüchte, Pasta und Salate bei einem atemberaubenden Blick auf das Meer. *Minitas Beach | Casa de Campo | Tel. 5 23 33 33 | €€*

In schöner Lage: das Künstlerdorf Altos de Chavón bei La Romana

STRAND

Der Strand der Hotelanlage Casa de Campo, *Las Minitas,* ist auch für Nichtgäste frei zugänglich.

ÜBERNACHTEN

CASA DE CAMPO

173 Zimmer und 150 Ferienwohnungen verteilen sich auf dem fast 30 km² großen Gelände. Es gibt neun Restaurants, vier Golfplätze, einen Reitstall, kaum zu zählende Tennisplätze und Swimmingpools, Busse und andere Transportmittel sowie einen eigenen Flugplatz für die Gäste. Nicht unbedingt geeignet, um

der Anonymität zu entfliehen, aber eine perfekt ausgestattete Hotelanlage. *Tel. 5 23 33 33 | www.casadecampo.com.do |* €€€

AUSKUNFT

OFICINA DE TURISMO
Avda. Libertad | Tel. 5 50 69 22

PUNTA CANA (144 C2) *(🕮 L7)*
Die Region liegt 75 km östlich von La Romana und Higüey am Anfang der sogenannten Kokosnussküste *(Costa de Coco)* – ein einziger, unendlich langer, palmenbestandener Sandstrand, der sich längst zum Hauseigentum der luxuriösen Touristenghettos *Playa Juanillo* und *Playa Bávaro* entwickelt hat.

Der palmenbestandene Bávaro Beach ist Teil der Costa de Coco

ZIELE IN DER UMGEBUNG

HIGÜEY (144 C2) *(🕮 L6)*
Die ca. 40 km nordöstlich von La Romana gelegene Provinzhauptstadt (100 000 Ew.) wurde bereits im Jahr 1494, und somit nur zwei Jahre nachdem Kolumbus die Neue Welt entdeckte, gegründet und ist damit eine der ältesten Siedlungen der Neuen Welt. Bekannt ist die Wallfahrtskirche *Nuestra Señora de la Altagracia,* in der die Schutzpatronin der Dominikanischen Republik verehrt wird.

SAMANÁ

(144 C2) *(🕮 L6)* **Die Hauptstadt der gleichnamigen Halbinsel im Nordosten der Dominikanischen Republik wurde 1756 von Familien gegründet, die von den Kanarischen Inseln eingewandert waren.**

Nach einem verheerenden Feuer 1946 wurde Samaná vollkommen neu aufgebaut. Das geruhsame Leben des Städtchens (40 000 Ew.) spielt sich tagsüber auf der Uferpromenade des Hafens ab, dem *Malecón*. Im Hafen dümpeln die Fischerboote, und von hier aus legen auch die Boote zum Nationalpark *Los Haïtises* und die Fähren nach Sabana de la Mar ab. Die nahe gelegene Insel INSIDER TIPP *Cayo Levantado* ist mit ihrem weißen Sandstrand ein beliebter Picknickplatz.

SEHENSWERTES

LA HACIENDA

Gute Meeresfrüchte, gegrillte Steaks und fantastische Bouillabaisse! *Avda. Malecón | Tel. 5 38 23 83 | €*

LA MATA ROSADA

Hier essen Sie original dominikanische Spezialitäten und sehen dabei dem Treiben im und am Hafen zu. INSIDER TIPP Die Scampi sind ein Gedicht! *Do–Di | Avda. Malecón 5 | Tel. 5 38 23 88 | €–€€*

EINKAUFEN

Am *Malecón* gibt es ein paar gute Schmuckläden, in denen Larimar-, Bernstein- und Silberarbeiten verkauft werden.

STRAND

Die *Playa Escondida* liegt in einer kleinen Bucht südlich der Stadt. Die traumhaft schöne *Playa Rincón* ist nur nach einer 20-minütigen Bootsfahrt von Las Galeras aus zu erreichen.

ÜBERNACHTEN

CHINO

Schöner Blick vom Hügel aus auf die Bahia. Etwas kleine, aber saubere Zimmer. *20 Zi. | San Juan | Tel. 5 38 22 15 | €–€€*

AUSKUNFT

TOURISTENINFORMATION

Avda. Malecón 5 | Tel. 5 38 23 32

ZIELE IN DER UMGEBUNG

LOS HAÏTISES ★ (144 B2) (*K6*)

Der Nationalpark liegt ca. 20 km südlich an der Bucht von Samaná und ist nur mit dem Boot zu erreichen, entweder von Samaná aus oder über Sabana de la Mar. Der Park ist ein Karst- und Mangrovengebiet, in dessen Kanälen, Flussmündungen und Buchten Sie eine Vielzahl verschiedener Vögel beobachten können. Doch nicht nur Vogelliebhaber,

LOW BUDG€T

- *Mercado Modelo*: Wer hier geschickt handelt, erzielt die besten Preise für Holzschnitzereien, haitianische Gemälde, Bernsteinschmuck und Rattanmöbel. *Mo–Sa 9–17 Uhr | Avda. Mella | Santomé | Santo Domingo*
- *Café de Paris*: Restaurantbar mit guten Pizzen, Crêpes und Salaten für nur 4–10 US$. *Tgl. 8–23 Uhr | Malecón | Samaná*
- *Motoconchos*: Die dominikanischen Motorradtaxis sind bei gutem Wetter und auf kurzen Strecken eine echte Alternative zu herkömmlichen Taxis. Preis vorher verhandeln!
- Preiswert und freundlich: Das *Hotel Castilla* aus dem 19. Jh. hat Zimmer für 15–30 US$. *9 Zi. | Calle José del Carmen Ariza | Puerto Plata | Tel. 809 5 86 72 67 | sams.bar@codetel.net.do*

sondern auch Pflanzenfreunde werden hier ihre Entdeckungen machen.

SABANA DE LA MAR

(144 B2) *(🕮 K–L6)*

Das ehemalige Fischerdorf hat heute ca. 15 000 Einwohner und ist ein kleines, noch angenehm ruhiges Touristenzentrum. Es liegt gegenüber von Samaná in ca. 20 km Entfernung an der Südseite der Bucht. In der Nähe gibt es schöne Strände wie die *Bahía de la Jina.*

LAS TERRENAS ★ (144 B2) *(🕮 K6)*

Rund 20 km westlich, an der Nordküste der Halbinsel Samaná, liegt der ruhige Ort Las Terrenas (ca. 13 000 Ew.). Nach einer atemberaubenden Fahrt über die Hügelkette im Inneren der Halbinsel kommt man hinunter an die Küste und findet sich an der malerischen, sichelförmigen ● *Playa Bonita* inmitten von Palmenhainen und Bananenplantagen wieder.

In der INSIDER TIPP *Haitian Caraibes Art Gallery (Calle Principal 159)* können Sie außergewöhnliche Skulpturen, haitianische Gemälde, Voodoo-Bilder und Zigarren (mit eigener Marke) erstehen.

In der großen Freiluftdisko *Nuevo Mundo (Avda. Duarte)* kann man von 21 bis 2 Uhr zu Merengue und Latinomusik tanzen. Unterkunft finden Sie z. B. im einsam an einer Bucht gelegenen INSIDER TIPP *Hotel Atlantis (18 Zi. | Playa Bonita | Tel. 2 40 61 11 | www.hotel-atlantis-lasterrenas.com | €€)* und im *Coyamar (10 Zi. | Playa Bonita | Tel. 2 40 51 30 | www.coyamar.com | €€).*

SANTO DOMINGO

KARTE IM HINTEREN UMSCHLAG

(144 B2) *(🕮 K7)* **Santo Domingo (3 Mio. Ew.), die Hauptstadt der Dominikanischen Republik, ist ein unüberschaubarer Moloch – mit einem schönen, ehrwürdig alten Gesicht, der Zona Colonial, aber auch mit hässlichen Fratzen, Betonburgen und Armenvierteln.**

Santo Domingo de Guzmán, wie die Stadt heute mit vollem Namen heißt, war im 16. Jh. der wichtigste Ort in den spanischen Kolonien. Bartolomé Kolumbus, der Bruder des großen Entdeckers, gründete auf der Westseite des Río Ozama das Städtchen Nueva Isabel, das schon bald von einem Sturm zerstört wurde.

Die Neugründung am Westufer war der Ursprung des heutigen Santo Domingo. Vor ihrer Umsiedlung nach Mexiko-Stadt residierten hier die Vizekönige, die im Namen ihrer katholischen Majestäten die spanischen Länder in der Neuen Welt regierten. Hier sammelten sich die beladenen Silberschiffe auf ihrem langen Weg zurück in die Heimat, von hier aus zogen Konquistadoren aus auf der Suche nach neuen Ländern, Schätzen und Wundern.

Aber auch Katastrophen und Unglück hat die Stadt erlebt. So plünderte Ende des 16. Jhs. der englische Weltumsegler Francis Drake im Auftrag seiner protestantischen Königin Elizabeth I. die Stadt und hinterließ wenig mehr als ein Trümmerfeld.

CITY **WOHIN ZUERST?**

Erkunden Sie die Zona Colonial am besten von der **Plaza España (U F4) *(🕮 f4)*** aus. Die Plaza Colón mit Catedral de Santa Maria la Mar und Panteón Nacional und auch der Malecón können von hier aus gut zu Fuß erreicht werden. Bushaltestellen: Avda. 27 Febrero und Leopoldo Navarro, westlich der Zona Colonial.

1992 wurde Kolumbus zu Ehren das *Faro a Colón*, ein gigantisches, in Kreuzform gehaltenes Grabmal, als Wahrzeichen der Stadt errichtet.

SEHENSWERTES

MUSEO DE LAS CASAS REALES

(U F4) (*🕮 f4*)

Hier sind drei Jahrhunderte dominikanischer Geschichte dokumentiert, vom 16. Jh. bis zur Unabhängigkeit von Spanien (1821). Neben vielen Exponaten zur Alltags- und Militärgeschichte gibt es eine besondere Attraktion: die Schätze aus zwei spanischen Galeonen, die vor der Küste Hispaniolas durch Hurrikane versenkt wurden. *Di–So 9–17 Uhr | Eintritt 50 RD | Calle Las Damas/Calle Mercedes*

PLAZA DE LA CULTURA (U A5) (*🕮 a5*)

Wer sich längere Zeit in Santo Domingo aufhält, sollte unbedingt die Plaza de la Cultura besuchen, die außerhalb der Zona Colonial liegt. Sehenswert sind hier die Nationalbibliothek und das Nationaltheater, ein gutes naturkundliches sowie ein nicht weniger qualitätvolles völkerkundliches Museum. *Museo de Historia Natural: Di–So 10–17 Uhr | Museo del Hombre Dominicano: Di–So 10–17 Uhr | Eintritt 50 RD*

ZONA COLONIAL ★

Die historische Altstadt von Santo Domingo ist wie die Altstädte von Havanna und San Juan kulturelles Erbe der einstigen Kolonialmacht Spanien.

Seit dem 16. Jh. nicht mehr bewohnt: Alcázar de Colón

Zwischen der Plaza España und Fluss erhebt sich der *Alcázar de Colón* ((U F4) (*🕮 f4*) *| Di–Sa 9–17 Uhr | Eintritt 10 RD und ein Trinkgeld für den Führer | Calle Emiliano Tejera/Calle Las Damas)*, in dem Mitglieder der Kolumbus-Familie gelebt haben. Ab Mitte des 16. Jhs. wurde der Palast nicht mehr bewohnt. 400 Jahre später wurde er renoviert und in ein *Museum* umgewandelt. Dieses vermittelt einen guten Eindruck von den Wohnverhältnissen der frühen Kolonialzeit, wenn auch viele Ausstellungsstücke Nachbildungen sind.

Im vorderen Teil der *Casa de Bastidas ((U F5) (🗺 f5) | Di–So 9–17 Uhr | Eintritt 60 RD | Calle Las Damas/Calle El Conde)* finden Ausstellungen moderner Kunst statt. Mindestens ebenso attraktiv wie der Gebäudekomplex sind die *Gartenanlagen* des Innenhofes mit alten Bäumen, unter denen Amphoren dekorativ platziert sind. An der Nordseite des Hofes kann man durch ein Gitter einen Blick in einen Teil des Tunnelsystems werfen, das sich in der Kolonialzeit weit unter der damaligen Stadt hinzog.

Die *Catedral de Santa María la Menor ((U F5) (🗺 f5) | tgl. 9–16 Uhr | Calle Arzobispo Meriño)* ist nicht nur das beherrschende Bauwerk an der Plaza de Colón, sondern auch die älteste Kathedrale in der Neuen Welt. Schon 1502 wurden hier – vermutlich nur in einer kleinen Hütte – Gottesdienste abgehalten. Sie wurde durch ein stattlicheres Gebäude ersetzt, das Mitte des 16. Jhs. fertiggestellt wurde. Das Innere der gotischen Kathedrale ist in seiner schlichten Größe beeindruckend. In einer Seitenkapelle steht der *Sarkophag*, in dem bis 1990 die Gebeine des Christoph Kolumbus gelegen haben sollen (die Gelehrten streiten über ihre Echtheit), bevor sie in das im Osten der Stadt liegende Faro a Colón überführt wurden.

Im *Panteón Nacional ((U F5) (🗺 f5) | Di–So 9–17 Uhr | Eintritt frei | Calle Las Damas)*, einem ehemaligen Jesuitenkloster, richtete der Diktator Trujillo 1955 eine Grabstätte für die dominikanischen Nationalhelden ein. Der riesige Kronleuchter war ein Geschenk des spanischen „Amtskollegen" Franco.

ESSEN & TRINKEN

ADRIAN TROPICAL (O) *(🗺 O)*
Authentisches, am Malecón gelegenes Lokal mit typisch kubanischer Küche. **INSIDER TIPP** Das Mofongo ist ein Gedicht, ebenso gut sind die Fruchtsäfte. *Avda. George Washington 2 | Tel. 2 21 17 64* | €

LA BRICIOLA (U F5) *(🗺 f5)*
Elegante Atmosphäre und Candlelight-Dinner in einem restaurierten Palacio. In der ebenso eleganten, angeschlossenen Bar *Doubles* bekommt man das Essen preiswerter! *Calle Arzobispo Meriño 152 | Tel. 6 88 50 55* | €€€

FONDA DE LA ATARAZANA (U F4) *(🗺 f4)*
Das Restaurant liegt in unmittelbarer Nähe des Alcazár de Colón an einer der alten Straßen der Hauptstadt. Im Innenhof kann man angenehm sitzen und gut essen. *La Atarazana 5 | Tel. 6 89 29 00* | €€

MESÓN DE BARI (O) *(🗺 O)*
Frische Meeresfrüchte und ein Steak *filet encebollado* zum Niederknien. *Hostos 302 y Ureña | Tel. 6 87 40 91* | €€

MESÓN DE LA CAVA (O) *(🗺 O)*
Auf einer Wendeltreppe geht es hinab in eine Höhle. In diesem Ambiente

Die Calle El Conde ist eine der beliebtesten Einkaufsstraßen

kommen internationale und kreolische Köstlichkeiten auf den Tisch. Rechtzeitig reservieren! *Parque Mirador del Sur | Tel. 5 33 28 18* | €€€

EINKAUFEN

Die modernen Einkaufsstraßen der Hauptstadt sind die *Calle Duarte* und *Calle El Conde*.

LA ATARAZANA (U F4) (*f4*)
Schon zu Kolonialzeiten war diese Gasse ein Zentrum für Handel und Kommerz. Heute sind die Geschäfte auf die Touristen in der Zona Colonial spezialisiert. *Gegenüber dem Alcazár de Colón*

AM ABEND

GUÁCARA TAÍNA ★ (U E5) (*e5*)
Riesendisko in einer Höhle mit Stalaktiten und Wandmalerei. Livebands und Merengue-Workshops. *Tgl. ab 21 Uhr | Paseo de los Indios | Avda. Cayetano Germosén*

ÜBERNACHTEN

INSIDER TIPP **CASA NAEMIE**
(U C5) (*c5*)
Das kleine Boutique-Hotel liegt sehr zentral, dennoch ist es ruhig und hat einen sehr schönen, grünen Innenhof. Gemütliche Zimmer, extrem freundliches Personal! *11 Zi. | Calle Isabel La Catolica 11 | Zona Colonial | Tel. 6 89 22 15 | www.www.casanaemi.com* | €–€€

INSIDER TIPP **HOTEL PALACIO**
(U E5) (*e5*)
Alter Stadtpalast, die renovierten Zimmer sind mit dunklen Stilmöbeln und feinen Fliesen dekoriert. Mit Pool. *40 Zi. | Calle Duarte 106 | Zona Colonial | Tel. 6 82 47 30 | www.hotel-palacio.com* | €€

AUSKUNFT

SECRETARÍA DE ESTADO DE TURISMO
(U B5) (*b5*)
Avda. Cayentano Germosén | Tel. 2 21 46 60

weltweit größten Sammlungen tropischer und subtropischer Pflanzen und Gehölze, die hier in Zusammenarbeit mit der Universität von Puerto Rico erforscht werden. *Mo–Fr 7–16 Uhr | Eintritt frei | Route 65*

MAYAGÜEZ ZOO

Der Zoo lohnt einen Besuch, weil hier versucht wird, die Tiere in möglichst artgerechter Umgebung zu halten. *Mi–So 9–16 Uhr | Eintritt 13 US$ | Route 108 | Barrio Miradero*

PLAZA COLÓN

Der große Platz im Zentrum von Mayagüez ist umrahmt von einem neoklassizistischen Rathaus mit schönem Uhrturm, einer Statue von Christoph Kolumbus und verschiedenen anderen *Bronzestatuen*. Hier entspannen die Einheimischen im Schatten der Bäume gerne und spielen oft Domino. Das *Teatro Yagüez* ist etwas nördlich gelegen und belohnt einen kleinen Abstecher mit seinen bunt gemusterten Art-Nouveau-Fenstern.

ESSEN & TRINKEN

EL CASTILLO RESTAURANT

Internationale und karibische Küche. Es gibt täglich ein Lunchbuffet und jeden Freitag ein „Seafood Festival". *Mayagüez Resort | Route 104 | Tel. 8 32 30 30 | €–€€*

MIA BISTRO

Einfacher, kleiner Essraum mit europäischen Gerichten wie Filet Mignon oder Risotto. *Calle del Rio Norte 13 | Tel. 8 31 61 00 | €*

Wer auf den Leuchtturm der Halbinsel Cabo Rojo steigt, erlangt Weitblick

EINKAUFEN

MAYAGÜEZ MALL

Ein Einkaufszentrum amerikanischer Prägung an der *Plaza del Mercado*. Auch sonst gibt es um die Plaza herum interessante Geschäfte.

ÜBERNACHTEN

HOTEL COLONIAL

Helle, saubere Zimmer mit viel Komfort mitten in Mayagüez. *29 Zi. | Calle Igle-*

sia 14 South | Tel. 8 33 21 50 | www.hotel colonial.com | €–€€

MAYAGÜEZ RESORT & CASINO
Das Hotel liegt einige Kilometer nördlich der Stadt auf einem Hügel mit Blick auf den Hafen. *141 Zi. | Route 104 | Tel. 8 32 30 30 | www.mayaguezresort.com | €€–€€€*

AUSKUNFT

TOURIST OFFICE
Plaza Colón/Candelaria 53 | Tel. 8 32 58 82

ZIELE IN DER UMGEBUNG

AGUADILLA (145 D2) (*M6*)
Die 25 km nördlich von Mayagüez gelegene Küstenstadt (20 000 Ew.) behauptet, der Ort zu sein, an dem Kolumbus zuerst seinen Fuß auf Puerto Rico setzte. Leider hat der Entdecker den Namen Aguadilla in seinem Bordbuch nicht festgehalten, sodass die Nachbarstadt Aguada diese Ehre ebenfalls für sich in Anspruch nehmen kann. Immerhin hat Aguadilla einen schönen Badestrand mit guten Möglichkeiten zum Surfen.

CABO ROJO (145 D3) (*M7*)
Das „Rote Kap" ist eine Halbinsel an der Südwestspitze Puerto Ricos. Hier, 20 km südlich von Mayagüez, ist wenig los, außer vielleicht am INSIDER TIPP *Strand von Boquerón*, der von den Einheimischen zu den besonders schönen der Insel gezählt und dementsprechend frequentiert wird. Vom *Cabo-Rojo-Leuchtturm* aus, am südlichsten Zipfel der Insel, können Sie einen einzigartigen Blick auf die Umgebung genießen.

RINCÓN (145 D2) (*M7*)
Neben den schönen Stränden, die sich allerdings viel eher zum Surfen und Sonnenbaden als zum Schwimmen eignen, verfügt der 6000-Einwohner-Ort 20 km nördlich von Mayagüez vor allem über eine Attraktion: das Hotel ★ *Horned Dorset Primavera (33 Zi. | Apartado 1132 | Rincón | Route 429 | Tel. 8 23 40 30 | www.horneddorset.com | €€€)*. Hierher kommt man, um zu entspannen, in der Sonne zu liegen, den Pool oder die Gartenanlagen zu betrachten. Jedes der Zimmer – eigentlich eher kleine Suiten – hat seinen individuellen Zuschnitt: mal zwei Etagen mit Terrasse, mal zwei durch einen Rundbogen verbundene Gemächer mit Balkon. Wer aus Etatgründen darauf verzichten muss, sollte sich wenigstens den Genuss eines Dinners nicht entgehen lassen.

MARCO POLO HIGHLIGHTS

★ **Horned Dorset Primavera**
Das ideale Hotel für Müßiggänger → S. 83

★ **Ruta Panorámica**
Aussichtsreich: Panoramastraße durch die Berge → S. 86

★ **Tibes Indian Ceremonial Park**
Die Taino-Kultstätte war eine Art Fußballplatz der Ureinwohner → S. 86

★ **Altstadt von San Juan**
Das reiche Erbe der Kolonialherren → S. 87

★ **La Mallorquina**
Mit Sicherheit die beste *asopao* in der Hauptstadt → S. 89

★ **El Yunque Rain Forest**
240 Baumarten im tropischen Regenwald → S. 91

INSIDER TIPP **SAN GERMÁN**
(145 D2) (*M7*)
Der kleine Ort (37 000 Ew.), 18 km südöstlich von Mayagüez gelegen, ist ein wahres historisches Juwel: eine einmalige Ansammlung spanischer Baukunst aus der Kolonialzeit mit kreolischen, neoklassizistischen und Art-déco-Einflüssen. Die wunderschöne kleine Kapelle *Porta Coeli* aus dem Jahr 1606 ist ein *Museum (Mi–So 8.30–12 und 13–16.30 Uhr | Eintritt 3 US$)* für religiöse Kunst mit Gemälden und Holzstatuen.

PONCE

(145 E2) (*M7*) **Ponce (150 000 Ew.) hat immer unter der übermächtigen Hauptstadt im Norden gelitten, der Rang als zweite Stadt Puerto Ricos hat vielen Bewohnern Ponces nicht behagt.** Dabei konnten sie zu Recht darauf verweisen, dass auch ihre Stadt ein vielfältiges und kulturelles Eigenleben führt und dass sie ein wichtiges wirtschaftliches Zentrum für die gesamte Südküste der Insel ist. Den Touristen hat Ponce einiges zu bieten. Sicherlich sind die Neubauviertel am Stadtrand nicht jedermanns Sache, aber die **INSIDER TIPP** *Altstadt* mit ihren Plätzen und Gässchen wirkt sehr viel spanischer als die meisten anderen Orte auf der Insel.

SEHENSWERTES

CATEDRAL NUESTRA SEÑORA DE GUADALUPE

Die Kathedrale thront in strahlendem Weiß an der Plaza Degetau. Gewidmet ist das Gotteshaus der Schutzheiligen der Stadt: „Unserer Lieben Frau von Guadaloupe", wie dessen Name übersetzt heißt. Ihr zu Ehren zieht einmal im Jahr eine große, farbenfrohe Prozession durch die Straßen der Stadt. *Mo–Fr 6–13, Sa/So 6–20 Uhr | Plaza de Ponce*

Für einen Augenblick scheint in San Germán die Zeit stillzustehen

INSIDER TIPP **MUSEO DE ARTE DE PONCE**

Das Museum ist einzigartig in der ganzen Karibik. Das Gebäude ist ein Meisterwerk moderner Architektur, in den lichtdurchfluteten Räumen ist eine Fülle alter europäischer und moderner Kunst zu sehen: eine umfangreiche Barocksammlung, präraffaelitische Gemälde, präkolumbische Keramik, Art nouveau. Da es kaum möglich ist, alles bei einem Besuch zu genießen, sollten Sie sich zwei oder drei Tage Zeit nehmen. *Mi–Mo 10–18 Uhr | 2325 Ave. Las Américas | Eintritt 6 US$ | www.museoarteponce.org*

MUSEO DE LA HISTORIA DE PONCE

In zehn Ausstellungsräumen veranschaulichen Fotografien, Erinnerungsstücke, Dokumente und Modelle die Geschichte der Stadt. *Di–So 8–17 Uhr | Eintritt 3 US$ | Calle Isabela 51–53*

PARQUE DE BOMBAS

Die Feuerwehrwache der Stadt ist vermutlich die größte Touristenattraktion. Der Grund: Man kann sich kaum vorstellen, dass das schwarz-rote Unikum vom Ende des 19. Jhs. mit seinen Simsen und halbrunden Fenstern einem so praktischen Zweck dient. *Tgl. 9–17 Uhr | Plaza de Ponce*

PLAZA DE PONCE

Der Hauptplatz von Ponce besteht eigentlich aus zwei Plazas: der *Plaza Degetau* und der *Plaza Múñoz Rivera.* Mit ihren großen, Schatten spendenden Bäumen und dem kuhlen Granitpflaster ist die Plaza de Ponce ein guter Ort zum Flanieren und Ausruhen. *Route 1*

ESSEN & TRINKEN

MARK'S AT THE MELIÁ

Exzellente puerto-ricanische Küche mit frischen Zutaten. Besonders empfehlenswert ist das **INSIDER TIPP** *Caribbean Shrimp Mofongo*. *Hotel Meliá | 2 Cristina Street | Tel. 8 42 62 75 | €€*

EINKAUFEN

Der städtische Markt findet auf der *Plaza del Mercado* statt. In der *Calle Mayor* gibt es mehrere interessante Geschäfte.

ÜBERNACHTEN

HOTEL BÉLGICA

Das Hotel im historischen Zentrum bietet große, geschmackvoll eingerichtete Zimmer und freundlichem Service. *20 Zi. | 122 Calle Villa | Tel. 8 44 32 55 | www.hotelbelgica.com | €–€€*

HOTEL MELIÁ

Traditionelles Hotel mit schöner Dachterrasse im historischen Zentrum. *78 Zi. | 2 Cristina Street | Tel. 8 42 02 60 | www.hotelmeliapr.com | €€*

AUSKUNFT

TOURIST OFFICE

Parque de Bombas | Tel. 2 84 33 38

ZIELE IN DER UMGEBUNG

PARGUERA (145 D2) (*M7*)

Die *Phosphorent Bay* bei Parguera (ca. 45 km westlich von Ponce) ist zwar nicht einmalig, aber ein besonders beeindruckendes Exemplar des Naturphänomens von fluoreszierendem Wasser. Sie erreichen die Gewässer von Parguera aus auf einem der vielen Boote, die im Hafen ihre Dienste anbieten. Draußen können Sie dann das Schillern des Kielwassers beobachten oder mit der Hand eigene Muster ins Wasser zeichnen. Das eigenartige Irisieren des Wassers wird von einer Algenart verursacht.

Im Tibes Indian Ceremonial Park

RUTA PANORÁMICA ★

(145 D–F2) *(M–N7)*
Die Panoramastraße trägt ihren Namen zu Recht. Sie beginnt im Osten der Insel bei *Yabucoa* und windet sich auf einer Länge von 265 km über die Höhen und durch die Täler der Cordillera Central bis an die Westküste bei Mayagüez. Von Ponce aus können Sie sie auf verschiedenen Wegen erreichen und dann entweder gen Osten oder Westen fahren. Einmalige landschaftliche Erlebnisse sind Ihnen auf jeden Fall sicher, und Sie bekommen auch einen Einblick in das Alltagsleben der Land- und Bergbevölkerung. Die Ruta ist relativ gut ausgeschildert, aber Sie sollten die Touristenkarte dabeihaben, die auf Puerto Rico überall erhältlich ist. In der Karte ist der genaue Verlauf der Strecke farbig markiert.

TIBES INDIAN CEREMONIAL PARK ★

(145 D–E2) *(M7)*
Auf diesem Gelände ca. 10 km nördlich von Ponce liegen neben einer Gräberstätte mehrere *bateyes,* Plätze, auf denen die Ureinwohner der Insel, die Taino-Indianer, eine Art Fußballspiel aufführten – Ähnliches ist von den Azteken und Mayas des zentralamerikanischen Festlandes bekannt. Halb Sport, halb Gottesdienst, ähnelte das Spiel vermutlich dem spanischen Pelota. Die Anlagen sind relativ gut erhalten. Außerdem gibt es ein nachgebautes Taino-Dorf und ein Museum. Unter einem der *bateyes* finden sich Zeugnisse vorkolumbischer Menschenopfer: irdene Töpfe und Knochen. *Di–So 9–16 Uhr | Eintritt 3 US$ | Tel. 8 40 22 55 | westlich von Utuado an der Route 503*

SAN JUAN

(145 E2) *(N6)* **Die Hauptstadt Puerto Ricos (ca. 500 000 Ew.) ist ein Teil Florida, ein Teil New York, ein Teil Altspanien – und das alles unter karibischer Sonne.** Hier braust der Verkehr wie in zahllosen anderen Metropolen der USA, sodass man sich manchmal kaum über die Straße traut. Hier können Touristen sich

CITY **WOHIN ZUERST?**
Von der Festung **San Felipe del Morro** aus liegt Ihnen die Altstadt von San Juan zu Füßen. Von hier aus spazieren Sie zum Casa Blanca, weiter zur Catedral San Juan Bautista und von dort aus zum Alcaldía, dem Rathaus an der Plaza de Armas. Parkgarage Paseo Portuario Estacionamiento zwischen Calle del Recinto Sur und Comercio.

wochenlang jeden Tag in einem anderen Fastfood-Etablissement satt essen. Hier stehen in den Geschäftsvierteln die Hochhäuser, hier regiert der Dollar das Geschehen. Dennoch vereint sich in dieser Stadt die liebenswürdige Offenheit der US-Amerikaner mit dem überschäumenden Temperament der spanischstämmigen Bevölkerung. Man findet leicht Kontakt, vor allem, wenn man ein paar Sätze Spanisch kann.

SEHENSWERTES

ALTSTADT ★

Die Altstadt von San Juan ist ein einziges Freilichtmuseum, und insofern erinnert sie an Alt-Havanna oder an die Altstadt von Santo Domingo. Hier wie dort lebt das Erbe der Spanier fort, die ehemalige Kolonialmacht hat die Gesichter dieser Städte unverwechselbar geprägt. Für zielstrebige Besucher steht an oberster Stelle die Festungsanlage *El Morro (San Felipe del Morro | tgl. 9–16 Uhr | Eintritt 3 US$)* an der Nordwestspitze der Halbinsel, die von den Spaniern zum Schutz des Hafens errichtet wurde. Nach einer Besichtigung der Anlage, die sich über verschiedene Ebenen hinzieht und mit ihren Gängen, Kellern, Zinnen, Plätzen, Türmen und Verliesen einer eigenen kleinen Stadt gleicht, ist es leicht, sich vorzustellen, dass El Morro ein harter Brocken für Angreifer war.

Die zweite Festung schützte San Juan gegen Angriffe vom Land aus. *San Cristóbal (tgl. 9–16 Uhr | Eintritt 5 US$)* aus dem 18. Jh. ist jüngeren Datums als El Morro und niemals in Feindeshand gefallen.

In der dritten alten Befestigungsanlage der Altstadt, *La Fortaleza (außer an Feiertagen Mo–Fr 9–17 Uhr),* residiert der jetzige Gouverneur der Insel, der jüngste einer langen Reihe von über 170 Amtsinhabern, die von hier aus die Geschicke der Insel lenken.

Die *Kathedrale* von San Juan *(tgl. 8–17 Uhr | Cristo 153)* stammt großteils aus dem 19. Jh., obwohl ihre Anfänge bis ins frühe 16. Jh. zurückreichen. Besonders

Erbe aus der Zeit der spanischen Herrschaft in San Juan: die Festungsanlage El Morro

sehenswert sind die geschwungene Freitreppe und der Marmorsarkophag mit den sterblichen Überresten des ersten Gouverneurs der Insel, Ponce de León. Ursprünglich war Ponce de León in der *Iglesia de San José (tgl. 9–16 Uhr | Plaza de San Juan)* bestattet worden, die fast ebenso alt wie die Kathedrale ist und sich durch ihre gotische Architektur auszeichnet. Besonders das Innere der Kirche wirkt schlicht und sehr erhaben. Neben der Kirche liegt an der *Plaza de San José* das ehemalige Dominikanerkloster, das *Convento de Santo Domingo (Di–Sa 9–12 und 13–17 Uhr | Norzagaray 98 | Plaza de San José).*

Das Rathaus, die *Alcaldía (Mo–Fr 8–16 Uhr),* ist ein schönes Gebäude an der Plaza de Armas, deren Baubeginn auf das frühe 17. Jh. datiert ist. Vollendet wurde der Bau allerdings erst im Jahr der Französischen Revolution. Er ist dem Rathaus von Madrid nachgebaut, mit einem stillen Innenhof und einer Galerie im ersten Stockwerk.

Das älteste Gebäude der Stadt, sogar das älteste erhaltene Haus Puerto Ricos, ist die ehemalige Residenz der Nachfahren des ersten Gouverneurs Ponce de León, die INSIDER TIPP *Casa Blanca (Mi–So 9–16.30 Uhr | Eintritt 3 US$ | Calle San Sebastián 1)* nahe El Morro. Am *Callejón de la Capilla,* einer typischen Altstadtgasse, steht die *Casa de Callejón,* ein koloniales Wohnhaus aus dem 18. Jh., in dem das *Museo de la Arquitectura Colonial* und das *Museo de la Familia Puertoriqueña* untergebracht sind. Neben den historischen Gebäuden und den kleinen Gassen sind es vor allem die Plätze der Altstadt, die ein unverwechselbares Bild prägen. Schön anzusehen sind die *Plaza de Colón* mit einer Statue des Entdeckers Christoph Kolumbus, die *Plaza de Armas* mit dem Rathaus und die *Plaza de San José* mit der gleichnamigen Kirche und dem Dominikanerkloster.

Ein Bummel durch San Juan führt auch in hübsche Seitenstraßen

BOTANISCHER GARTEN
Der Besuch des fast 0,6 km² großen Gartens ist eine gute Möglichkeit, erste Bekanntschaft mit der vielfältigen Inselflora zu schließen. Neben einheimischen Bäumen und Büschen wachsen hier auch viele Pflanzen aus anderen tropischen und subtropischen Gebieten der Welt. Besonders bemerkenswert ist die Sammlung einheimischer Orchideen, die durch viele schöne Züchtungen ergänzt wird. *Di–So 10–16 Uhr | Eintritt 13 US$ | Barrio Venezuela | Route 1, an der Kreuzung Route 847*

FUERTE SAN GERÓNIMO
Kleine Festungsanlage aus dem Jahr 1788 in der Nähe des Caribe Hilton. Es lohnt sich, auf die Wälle zu klettern, um den Blick auf Condado zu genießen. Leider ist der Zugang manchmal geschlossen. *Im Osten | Puerta de Tierra*

MUSEO PABLO CASALS
Das Haus mit dem wohlklingenden Namen, in dem der berühmte spanische Cellist Pablo Casals starb, ist zu einer kleinen Gedenkstätte umgewandelt worden, in der Noten, Musikinstrumente und andere Memorabilien ausgestellt sind. *Di–Sa 9.30–16 Uhr | Eintritt 1 US$ | Calle San Sebastián 101*

SAN JUAN MUSEUM OF ART & HISTORY
Der renovierte Marktplatz aus dem 19. Jh. dient als Kulturzentrum. Hier finden Kunstausstellungen, Konzerte und Festivals statt. *Mo–Fr 9–16 Uhr | Eintritt frei | Calle Norzagaray | Tel. 7 24 18 75*

ESSEN & TRINKEN

INSIDER TIPP DRAGONFLY
Karibischer Klassiker mit asiatischem Flair. Roter Essraum aus dem Shanghai der 1930er-Jahre. *Calle Fortaleza 364 | Tel. 9 77 38 86* | €€

LA MALLORQUINA ★
Angeblich das älteste Restaurant in San Juan. Die Küche zeichnet sich aus durch eine Mischung aus spanischen und puerto-ricanischen Spezialitäten (probieren Sie das Reisgericht *asopao*). Besonders angenehm wegen der schönen, alten Einrichtung und der diskreten, schnellen Bedienung der Kellner. *San Justo 207 | Old San Juan | Tel. 7 22 32 61* | €€

MARMALADE
Das angesagteste Restaurant der Stadt! Orange-weißes Dekor, schwarze Barhocker und Loungechairs mit weichen Kissen. Das Essen ist superb! *Mo–So 17.30–22 Uhr | Calle Fortaleza 317 | Tel. 7 24 39 69* | €€

EINKAUFEN

CALLE FORTALEZA
Die Straße der Kunstgalerien und Boutiquen. *Old San Juan*

PLAZA LAS AMÉRICAS
Das größte Shoppingcenter in der ganzen Karibik. *Hato Rey | 4 km südlich von San Juan*

PUERTO RICAN ARTS AND CRAFTS
Eine reiche Auswahl an puerto-ricanischem Kunsthandwerk finden Sie in diesem Geschäft in der Altstadt. *Fortaleza 204 | Old San Juan*

AM ABEND

NUYORICAN CAFÉ
Livemusik, Dichterlesungen, Talentshow. *Di–Do 20–3 Uhr | Calle San Franzisco 312 | Old San Juan | Tel. 9 77 12 76*

RUMBA
Afrokubanische Musik und Salsa live (Mi–Sa). Sehr angesagte Bar und gute *Piña Colada. San Sebastián 152 | Tel. 7 25 44 07*

STARGATE
Hier spielen die DJs House-Musik. *R. H. Todd Ave. | Sancturce | Tel. 7 25 46 64*

ÜBERNACHTEN

CARIBE HILTON INTERNATIONAL
Das Hilton ist das Vorbild aller großen Urlaubshotels in der Karibik. Es ist immer noch ein Erlebnis, hier zwischen der Altstadt und dem modernen Viertel Condado am Wasser zu wohnen – auch wenn der Glanz nicht mehr ganz so frisch ist wie einst. *602 Zi. | Muñoz Rivera | Tel. 7 21 03 03 | www.caribe.hilton.com* | €€–€€€

HOTEL EL CONVENTO
Ein ehemaliges Karmeliterkloster im spanischen Kolonialstil, der Speiseraum war früher die Kapelle. Mit schönem Garten und Swimmingpool. Exzellenter Service. *68 Zi. | Cristo 100 | Tel. 7 23 90 20 | www.elconvento.com* | €€€

HOTEL MILANO
Das dreistöckige Gebäude aus dem 19. Jh. hat ein Restaurant und eine INSIDER TIPP Bar auf dem Dach, von der aus man den Hafen und die Kreuzfahrtschiffe sieht. *30 Zi. | Fortaleza 307 | Tel. 7 29 90 50 | www.hotelmilanopr.com* | €€

LOW BUDG€T

▶ Sammeltaxis in Puerto Rico heißen *públicos* und sind an ihren gelben Nummernschildern zu erkennen. Die Hauptstände *(Centro de Públicos)* in San Juan sind am Flughafen, in Río Piedras und an der Plaza de Colón in Old San Juan. Eine Fahrt nach Ponce kostet 8 US$, nach Mayagüez 12 US$.

▶ Sehr preiswertes Frühstück und solides Essen (unter 10 US$) bietet in San Juan die *Cafeteria Mallorca* in der *Calle San Francisco 300.*

▶ In Old San Juan kann man an jedem ersten Dienstag im Monat bis spät abends gratis Kunstgalerien besuchen und dazu ebenfalls umsonst Wein verköstigen.

▶ In Puerto Rico ist zelten, selbst an einigen öffentlichen Stränden, gut möglich. Auskunft: *Companía de Parques Nacionales (CPNPR) | Tel. 6 22 52 00 | www.parquesnacionalespr.com*

AUSKUNFT

CENTRO DE INFORMACIÓN
Luis Múñoz Marín International Airport | Isla Verde | Tel. 7 91 10 14 und 7 91 25 51

PR TOURISM COMPANY
Ochoa Bldg. | Calle Tonca/Comercio | Old San Juan | Tel. 7 21 24 00

ZIELE IN DER UMGEBUNG

CASA BACARDI VISITOR CENTER
(145 E2) (*N6*)
Die große Destillerie veranschaulicht die Herstellung des berühmten (ursprünglich kubanischen) Rums. Zum Ende der Tour gibt es für jeden Gast zwei Rumdrinks umsonst! *Mo–Sa 8.30–15.30 Uhr | Eintritt frei | www.casabacardi.org | Cataño | ca. 5 km westl.*

DORADO (145 E2) *(M6)*
Das elegante Strandbad ca. 35 km westlich von San Juan wartet mit den exklusivsten Hotels der Insel auf. Der Favorit ist eindeutig das *Hyatt Hacienda del Mar (506 Zi. | Tel. 79 63 00 | www.hyatthaciendadelmar.hyatt.com | €€€)* mit zwei Golfplätzen.

Reptil im Regenwald: Leguane kommen auf den Großen Antillen häufig vor

FAJARDO (145 F2) *(N7)*
Das kleine Städtchen an der Ostküste (ca. 48 km von San Juan entfernt) ist das beliebteste Angel- und Segelzentrum der Insel. Das beste Hotel in Fajardo ist das *El Conquistador (918 Zi. | Las Croabas | Tel. 8 63 10 00 | www.elconresort.com | €€€)*.

LUQUILLO BEACH (145 F2) *(N6)*
An den Wochenenden scheint sich ganz San Juan am 37 km östlich gelegenen Luquillo Beach zu treffen. Man aalt sich in der Sonne oder sitzt im Wasser und hält ein Schwätzchen mit Freunden, Nachbarn und Verwandten. Wenn auch der Strand hoffnungslos überfüllt ist: Die Atmosphäre lohnt einen Besuch. Ein großer Parkplatz, Duschen, Toiletten, Souvenirläden, Imbissstände und sogar Bademeister stehen zur Verfügung. *Von San Juan ca. eine halbe Stunde Fahrt auf der Route 3 entfernt*

EL YUNQUE RAIN FOREST ★
(145 F2) *(N7)*
Der gut 112,5 km² große Nationalpark 95 km östlich von San Juan ist vom Auto aus nicht sehr beeindruckend – oder besser gesagt, nur dann beeindruckend, wenn man noch nie einen tropischen Regenwald gesehen hat. Dennoch ist der El Yunque Rain Forest ein Juwel. Seine Schönheit erschließt sich nur dem in ihrer ganzen Vielfalt, der sich die Mühe macht, ihn auf einem der Wanderpfade zu erkunden. *Caribbean National Forest | Rio Grande PR | tgl. 9–16 Uhr | Eintritt frei | Tel. 8 88 18 80 | www.fs.usda.gov/elyunque*

BAHAMAS

***Baja mar,* „seichtes Meer", tauften die spanischen Eroberer die inselübersäten Schelfbänke, die sich am Nordrand der Karibik in weitem Bogen von Florida bis zur Südspitze Kubas dehnen.**

Im türkisblauen Wasser am Wendekreis des Krebses liegen auf der Great und Little Bahama Bank gut 700 größere Inseln und über 2000 *Cayos* oder *Cays,* winzige Riffinseln. Nur 30 der Inseln sind jedoch besiedelt, gerade 16 haben auch Hotels und Restaurants. Ein ideales Revier also für moderne Robinsonurlauber und Wasserratten. Schwimmen, Tauchen, Schnorcheln und Segeln – dafür sind die Inseln ideal. Sogar die Nationalparks der Bahamas liegen zumeist unter Wasser, denn die weitgehend unberührte Korallenwelt ist die schönste Attraktion der Inseln.

Nach gut 300 Jahren als englische Kolonie wurden die Bahamas 1973 unabhängig, blieben aber im Britischen Commonwealth. Rund 350 000 Einwohner hat der Inselstaat heute. Zu 85 Prozent sind sie Nachfahren der von den Plantagenbesitzern importierten westafrikanischen Sklaven. Die meisten Bahamaer leben auf nur zwei Inseln: auf New Providence mit der Hauptstadt Nassau und auf Grand Bahama. Die übrigen Eilande sind hingegen nur spärlich besiedelt. Landwirtschaft ist auf den Koralleninseln schlecht möglich und auch Fischfang sowie Salzgewinnung geben nur einem geringen Teil der Einwohner Arbeitsplätze. Daher sucht der Staat sein Heil im Tourismus und im internationalen Banking: Fast 400 Geldinstitute bie-

Bild: Paradise Island bei Nassau

Hunderte von grünen Perlen im strahlend blauen Meer: Die Bahamas sind perfekt zum Baden und Faulenzen

ten in Nassau den Steuerflüchtigen einen sicheren Hafen.

Nassau und Freeport sind die Hochburgen des Tourismus. Für den Urlaub in Ruhe sollten Sie weiterziehen, nach Abaco etwa oder Eleuthera. Weiße Sandstrände und glasklares Wasser schimmern dort unter tropischer Sonne wie schon zu Kolumbus' Zeiten. Auf den 16 größeren erschlossenen Inseln gibt es Infobüros des Ministry of Tourism – überall sonst erhalten Sie Auskunft in den Hotels oder von den örtlichen Taxifahrern.

ABACO

(146 C1–2) (*🕮 E–F 1–2*) **Wie viele der bahamaischen Archipele wird auch Abaco oft als Einzelinsel bezeichnet. In Wahrheit umringen die gut 150 km lange Hauptinsel rund 120 kleinere Eilande. Zu Recht heißt die ganze Gruppe The Abacos.** Zum Atlantik hin erstreckt sich eine Kette von Cays, Riffinseln, die den bei Seglern sehr beliebten, fast 100 km langen Sund der „Sea of Abaco" umschließen.

Auffällig ist, dass viele der rund 17 000 Bewohner weißer Hautfarbe sind. Sie stammen von Siedlern aus Neuengland ab, die nach 1783 hierher kamen, und sie sind stolz auf ihre Tradition als Bootsbauer und Fischer, als Wrackplünderer und Schmuggler. Kein Wunder, dass viele der Dörfer auf den Cays putzig und pastellbunt aussehen wie in Neuengland.

Wie gemalt: bunte Holzhäuser und tropische Gärten in Hope Town auf Abaco

Auf die schönste Art kann man sich die Abaco-Inseln vom Wasser aus erschließen. Wer nicht selbst ein Boot steuern will, tuckert mit Fähren vom Hauptort *Marsh Harbour* auf die Cays. Aber auch die Bootsmiete ist kein Problem: Die Handhabung der kleinen Motorboote ist einfach, ein Bootsführerschein nicht nötig.

SEHENSWERTES

HOPE TOWN ★

Das Postkartenstädtchen mit seinem rot-weiß gestreiften Leuchtturm liegt nur 15 Minuten Fährfahrt nach Osten von Marsh Harbour entfernt. Bonbonbunte Holzhäuser, umrahmt von tropischen Gärten, prägen das Ortsbild. Das *Wyannie Malone Historical Museum (meist Mo–Sa 10–12.30 Uhr | Eintritt 5 B$)* an der Gillam Street berichtet von den Pioniertagen. Auf der Ostseite der Insel befindet sich ein kilometerlanger Strand.

NEW PLYMOUTH

Ein idyllisches Nest im Zuckerbäckerstil auf Green Turtle Cay. Bis heute leben die 400 Einwohner weitgehend vom Fisch- und Langustenfang. Sehenswert ist der *Sculpture Garden* an der Parliament Street, wo mit Bronzebüsten an die ersten Siedler der Bahamas erinnert wird. Das *Albert Lowe Museum (So geschl. | Eintritt 5 B$)* nebenan erzählt ihre Geschichte.

ESSEN & TRINKEN

HARBOUR'S EDGE

Uriges Restaurant mit Bar am Wasser. Am Wochenende spielen örtliche Bands.

Hope Town | neben dem Fähranleger | Tel. 3 66 00 87 | €

JIB ROOM
Sehr beliebtes Hafenlokal. Mittwoch ist Rippchen-Abend, und INSIDER TIPP am Samstag gibt es fabelhafte Riesensteaks. Livemusik. Vorab reservieren. *Pelican Shores | Marsh Habour | Aug.–Okt. geschl. | Tel. 3 67 27 00 |* €€

MANGOES RESTAURANT
Beliebter Inseltreff mit Bar und schöner Terrasse über dem Hafen. Frischer Fisch und *conch chowder* (Suppe mit Meeresschneckenfleisch). *Bay Street | Marsh Harbour | Tel. 3 67 42 55 |* €€

FREIZEIT & SPORT

DIVE ABACO
Führungen und Tauchgänge im Schutzgebiet des *Pelican Cays Land & Sea Park:* Zu sehen gibt es Riffe, Meeresschildkröten und Unterwasserhöhlen. Auch Tauchkurse. *Bay Street | Marsh Harbour | Tel. 800 2 47 53 38 und Tel. 3 67 27 87 | www.diveabaco.com*

ISLAND MARINE
Vermietung von Motorbooten und kleinen Skiffs. *Abholung in Hope Town oder Marsh Harbour | Mitte Aug.–Mitte Okt. geschl. | Tel. 3 66 02 82 | www.islandmarine.com*

ÜBERNACHTEN

HOPE TOWN HARBOUR LODGE
Nettes Hotel im Zentrum. Einfache Zimmer im historischen Haupthaus am Hafen, Bungalows am Strand. *26 Zi. | Hope Town | Tel. 3 66 00 95 | www.hopetownlodge.com |* €€

HOPE TOWN HIDEAWAYS
Vermietung von Privathäusern für zwei bis acht Personen, rustikal oder luxuriös, im Ort oder am Strand gelegen. *Hope Town | Tel. 3 66 02 24 | www.hopetown.com und www.bahamas-hideaways.de |* €€–€€€

MARCO POLO HIGHLIGHTS

★ Hope Town
Treff der Segler: ein pastellfarbenes Piratenstädtchen wie aus dem Bilderbuch mit rot-weißem Leuchtturm und kilometerlangem Strand
→ S. 94

★ Pink Sands Beach
Der Traumstrand mit tatsächlich rosa schimmerndem Korallensand ist geradezu perfekt für Verliebte → S. 97

★ Lucayan National Park
Einblick in die Ökosysteme der Inseln: Kalksteinhöhlen, Mangrovenwälder und ein sehr schöner einsamer Strand → S. 99

★ Dolphin Encounters
Schwimmen mit Delphinen und Seelöwen auf einer vorgelagerten Insel – ein einzigartiges Erlebnis
→ S. 103

★ Atlantis Paradise Island
Das spektakulärste Megaresort der Bahamas – inklusive Haifischbecken, riesigem Erlebnisbad, Kasino und Showtheater → S. 104

★ Exumas
Eine spritzige Tour mit dem Powerboat bringt Sie zu unbewohnten Inseln und einsamen Stränden
→ S. 105

INSIDER TIPP **NEW PLYMOUTH INN**
Kolonialvilla mit verwunschenem Garten und sehr nettem Personal, gemütlich. Per Fahrrad sind Sie schnell am Strand. *9 Zi. | inkl. Halbpension | New Plymouth | Tel. 3654161 | www.newplymouthinn.com* | €€

TREASURE CAY RESORT
Weitläufige gepflegte Anlage, traumhafter Sandstrand. Restaurant und viele Wassersportangebote. *95 Zi. | Treasure Cay | Tel. 954 5257711 | www.treasurecay.com* | €€–€€€

ANDROS

(146 B–C3–4) (*🕮 E2–3*) **Nach Andros fährt man zum Tauchen, denn auf der Ostseite der gut 170 km langen Insel bricht die Küste abrupt in eine Unterwasserschlucht ab.**

Die fast 2000 m tiefe „Tongue of the Ocean" wird von prächtigen Korallenbänken gesäumt. Mit rund 6000 km² Fläche ist Andros die größte Insel der Bahamas. Die 7400 Einwohner leben in Dörfchen entlang der Ostküste, die unwegsame Westseite besteht aus flachen Sandbänken und Wattgebieten.

ÜBERNACHTEN

SMALL HOPE BAY LODGE
All-Inclusive-Hotel für Taucher mit gemütlichen Hütten am Strand. *21 Zi. | Andros Town | Tel. 3682014 | www.smallhope.com* | €€

TIAMO RESORTS
Luxuriös und mit ökologischem Anspruch: Elf Bungalows direkt am Strand. Ideal für die Flucht aus dem Alltag. *South Andros | Tel. 2256871 | www.tiamoresorts.com* | €€€

ZIEL IN DER UMGEBUNG

BIMINI ISLANDS (146 A–B2) (*🕮 D2*)
Der winzige Archipel rund 70 km nördlich von Andros ist die Welt Hemingways: 1935–37 verbrachte der Schriftsteller die meiste Zeit hier, soff und prügelte sich, jagte Marlins und schrieb an seinem Roman „Haben und Nichthaben". Ein Erlebnis für Angler sind die Inseln (2000 Ew.) noch heute, denn mit dem Golfstrom ziehen im Frühjahr Marlins und Thunfische nordwärts. Das legendäre *Compleat Angler Hotel* in Alice Town, Hemingways Lieblingshotel und -bar, wurde leider 2006 bei einem Brand zerstört. Bilder aus Hemingways Anglerzeiten und andere Einblicke in die wechselvolle Geschichte der Insel zeigt das *Bimini Museum (tgl. 10–19 Uhr | Eintritt 2 B$ | Kings Highway)*. Urige Bars gibt es aber noch heute: etwa die INSIDER TIPP *End of the World Bar* in Alice Town. Beliebt sind auf der Insel auch Touren zum Schwimmen mit wild lebenden Delphinen, wie sie etwa von ● *Wildquest (Porgy Bay | Tel. 56196494 66 | www.wildquest.com)* auf einwöchigen Delphinurlauben angeboten werden. Diese Touren sind für einige Teilnehmer fast spiritueller Natur, da sie durch den hautnahen Kontakt mit den Meeressäugern stark berührt werden.

ELEUTHERA/ HARBOUR ISLAND

(146–147 C–D 2–3) (*🕮 F2–3*) **Nur 20 Flugminuten (oder zwei Bootsstunden mit der Schnellfähre) sind es von Nassau auf die 180 km lange, sehr schmale Insel Eleuthera.**

Doch es liegen Welten zwischen der rummeligen Hauptstadt und den verträumten Dörfern Eleutheras. Nur 11 000 Menschen leben hier. Eine einzige, oft holprige Straße verbindet die Nester, in denen Fischer und Farmer leben. Eleuthera liegt genau auf der Grenze zwischen den zivilisierten Inseln im Norden der Bahamas und den „wilden" Eilanden des Südens. So liegt im Norden Eleutheras auch *Harbour Island* mit Dunmore Town, einer der hübschesten Siedlungen der Bahamas. Der herrlich rosafarbene Strand und die gepflegten kleinen Hotels machen diesen Ferienort zu einem der beliebtesten Ziele der Out Islands.

SEHENSWERTES

GOVERNOR'S HARBOUR

1648 gingen hier die ersten Kolonisten der Bahamas an Land. Heute döst der 700-Seelen-Ort unter der heißen Sonne dahin. Fotogen ist vor allem die kleine Halbinsel *Cupid's Cay* mit ihren Kolonialhäusern.

HARBOUR ISLAND

An der Atlantikseite der Insel zieht sich der rosafarbene ★ ● *Pink Sands Beach* am blauen Meer hin. Auf der Buchtseite liegt *Dunmore Town* mit dem kleinen Hafen, wo auch die Fähren ablegen. Viele der pastellbunten Häuser und die großen Kirchen im verwinkelten Zentrum stammen aus dem 19. Jh. Die *Methodistenkirche (Dunmore Street/Chapel Road)* von 1843 ist besonders eindrucksvoll. In mehreren Kirchen des Ortes werden sonntags Gospel-Gottesdienste abgehalten.

TARPUM BAY

Das Städtchen im Südwesten Eleutheras hat sich in den letzten Jahrzehnten zur Künstlerkolonie entwickelt. Einige Ateliers können besichtigt werden.

ESSEN & TRINKEN

ANGELA'S STARFISH RESTAURANT

Man sitzt im Garten, auch schön zum Frühstück mit *boil fish* und *johnny cake.*

Spaß beim Zöpfe flechten – Alltagsszene auf Harbour Island

Am Hügel auf der Nordseite des Ortszentrums von Dunmore Town. *Tel. 3 33 22 53* | €–€€

AM ABEND

Beliebtester Musikclub auf Harbour Island ist das *Seagrapes,* wo am Wochenende oft eine örtliche Rake-'n'-Scrape-Band auftritt. Alternativ gibt es zum Sonnenuntergang kühles Kalik-Bier oder einen Cocktail in der Hafenbar des *Valentine's Resort.*

Auf der Insel Grand Bahama sind auch Papageien heimisch

ÜBERNACHTEN

CORAL SANDS HOTEL

Luxuriöses kleines Hotel mit 36 Zimmern am schönsten Strand der Insel. Gutes Restaurant auf einer Terrasse am Meer. *Harbour Island | Tel. 3 33 23 50 | www.coralsands.com* | €€€

TINGUM VILLAGE

Nettes, einfaches Motel, nur wenige Schritte vom Strand entfernt. Das Publikum: junge Traveller aus Kanada, Amerika und Europa. Bahamaisches Restaurant. *19 Zi. | Colebrook Street | Harbour Island | Tel. 3 33 21 61* | €

UNIQUE VILLAGE

Ferienhotel mit gemütlicher Atmosphäre an ruhigem Strand bei Palmetto Point. *16 Zi. | Governor's Harbour | Tel. 3 32 18 30 | www.uniquevillage.com* | €€

GRAND BAHAMA/ FREEPORT

(146 B1) (*E1*) **Freeport ist wie Klein-Canaria – buntes Strandleben, Sport und Spaß, schöne Golfplätze und Rummel in den Bars –, nicht zuletzt, weil Grand Bahama nur gut 80 km vor der Küste Floridas liegt.**

Für die Amerikaner sind es nur ein paar Stunden Bootsfahrt von Palm Beach oder Miami hierher. Und sie kommen: zum Angeln, Baden und zollfreiem Einkaufen. Mit rund 1400 km^2 Fläche ist Grand Bahama zwar nur die viertgrößte Insel des Landes, aber nach Nassau die beliebteste – vor allem auch für Kreuzfahrten. Gut 50 000 Menschen leben heute hier und machen Freeport zur zweitgrößten Stadt des Inselstaates. Die meisten sind Bahamaer, doch es gibt mittlerweile auch eine stattliche Kolonie betuchter Amerikaner und Europäer, die mit einem Wohnsitz in Freeport der Vermögens- und Erbschaftssteuer ihrer Heimatländer ein Schnippchen schlagen.

SEHENSWERTES

GARDEN OF THE GROVES

Historische Gartenanlage mit tropischen Pflanzen und zahlreichen Vogelarten. Café, Hochzeitskapelle. *Tgl. 9–17 Uhr | Eintritt inkl. Führung 15 B$ | Magellan Drive | Freeport | www.thegardenofthegroves.com*

LUCAYAN NATIONAL PARK ★

Der gut 16 ha große Naturpark zeigt auf Lehrpfaden alle Vegetationszonen der Insel von Mangroven- bis Kiefernwäldern. Die Highlights: große Unterwasserhöhlen und der schöne *Gold Rock Beach*. *Eintritt 5 B$ | Grand Bahama Highway | 45 Min östl. von Freeport*

PORT LUCAYA MARKETPLACE

Shopping- und Vergnügungszentrum am Yachthafen, abends oft Shows und Musik. *Sea Horse Road | Lucaya Beach*

RAND NATURE CENTER

In dem 0,4 km² großen Naturschutzgebiet mit ursprünglichem Kiefernwald gedeihen wilde Guaven, Mahagoni und kleine Palmenarten. *Mo–Fr 9–16, Sa 9–13 Uhr | Eintritt 5 B$ | East Settler's Way*

ESSEN & TRINKEN

BANANA BAY

Beliebtes Strandlokal, frischer Fisch und kalte Drinks. *Tgl. 10–17 Uhr | Fortune Bay Drive | Tel. 3 73 29 60 |* €

OUTRIGGER'S NATIVE RESTAURANT

Ein einfaches bahamaisches Dinnerlokal, das zum *Fish Fry* mit Liveband am Mittwochabend Hunderte Gäste anlockt. An anderen Abenden meist BBQ-Hühnchen oder Conch. *Smith's Point | Port Lucaya | Tel. 3 73 48 11 |* €

FREIZEIT & SPORT

GRAND BAHAMA NATURE TOURS

Halbtägige Jeep- und Ausflugstouren in das Hinterland der Insel, auch mit informativem Besuch des *Lucayan National Park* und zum *Peterson Cay National Park* mit seinen großen Karsthöhlen auf einer einsamen Insel. Dazu Schnor-

CONCHS

Sie stehen auf jeder Speisekarte, mit ihren Schalen werden Straßen geschottert, und am Souvenirstand schimmern sie einladend: Die Rede ist von den Conchs, jenen großen, schön gezackten Meeresschnecken, die überall auf den Sandbänken vor den bahamaischen Küsten vorkommen. Vier Jahre braucht eine Conch („konk" ausgesprochen), bis sie erwachsen ist, ältere werden bis zu 3 kg schwer und 40 cm lang. Das weibliche Tier legt bis zu 1 Mio. Eier ab, aber das reicht kaum für den Heißhunger der Bahamaer. Gebeizt in Limonensaft und mit scharfen Chilis *(scorched conch)*, weich geklopft und frittiert *(cracked conch)*, als Chowder-Suppe oder *conch salad* kommt das Fleisch auf den Tisch. Doch so schön die Schalen auch glänzen, als Souvenir taugen sie nicht – denn die Conch gilt in anderen Ländern als bedrohte Art, fällt deshalb unter das Washingtoner Artenschutzabkommen und darf nicht ausgeführt werden.

cheln und Picknick am Strand. *89 B$ | Abholung im Hotel | Tel. 3 73 24 85 | www.grandbahamanaturetours.com*

STRÄNDE

Fast alle Hotels haben eigene Privatstrände. Daneben locken aber viele weitere, ruhigere Strände; Grand Bahama ist schließlich ringsum von Sand umgeben. Die schönsten: *Gold Rock Beach, Taino Beach* (Mittwochabend *Fish Fry*) und *Pelican Cay Beach*, der auf Schnorcheltouren von Freeport aus zu erreichen ist.

UNEXSO

Die renommierte Tauchschule bietet auch Wracktauchgänge und Nachttauchen an. Eine besondere Attraktion ist das INSIDER TIPP Schwimmen mit Delphinen vier Mal täglich *(Kosten 179 B$). Port Lucaya Marketplace | Tel. 3 73 12 44 | www.unexso.com*

ÜBERNACHTEN

GRAND LUCAYAN BEACH & GOLF RESORT

Riesige Ferienanlage mit Tauchschule, Golfplatz und Badelandschaft. *519 Zi. | Lucaya | Tel. 3 73 13 33 | www.grandlucayan.com | €€–€€€*

AUSKUNFT

GRAND BAHAMA TOURISM BOARD

Infozentren finden Sie am Flughafen und in Port Lucaya: *Royal Palm Way | Tel. 3 52 83 56 | www.grandbahamavacations.com*

LONG ISLAND

(147 D–E4) (*G3–4*) **Die schmale, lang gestreckte Insel, die vor allem für ihre exzellenten Tauchreviere bekannt ist, macht mit über 100 km Länge ihrem Name alle Ehre.**

Die rund 3000 Einwohner – Fischer und Farmer – leben in winzigen Orten entlang der einzigen Inselstraße. Bunt bemalte Kirchen und Kneipen, Mangoplantagen und Salzteiche säumen den Weg. Zum Sightseeing lohnt sich eine kurze Kletterpartie auf das *Cape Santa Maria* am Nordende der Insel, wo ein weißes Kreuz auf der Klippe an die Landung von Kolumbus erinnert, der hier auf dem Weg nach Amerika einen Stopp einlegte.

ESSEN & TRINKEN

TWO SISTERS

Typisches bahamaisches Lokal, gut auch zum Frühstück mit Conch, Maisgrütze und gekochtem Fisch. *Burnt Ground | Tel. 3 38 70 08 | €*

ÜBERNACHTEN

CHEZ PIERRE BAHAMAS

Freundliches kleines Hotel mit nur sechs einfachen Strandhütten an einem langen, einsamen Sandstrand. Sehr gute Küche. *Inkl. Halbpension | Simms | Tel. 3 38 88 09 | www.chezpierrebahamas.com | €€*

STELLA MARIS RESORT CLUB

Vor über 50 Jahren gründeten Deutsche diese Anlage mit heute 47 Ferienapartments und Villen in einer ehemaligen Plantage. Ausgezeichnete Tauchschule. Attraktion seit gut 30 Jahren: INSIDER TIPP Tauchgänge mit Haien, die ganz Mutige sogar füttern können. Mehrere Pools und Tennisplätze sowie gutes Restaurant. *Stella Maris | Tel. 3 38 20 51 | www.stellamarisresort.com | €€–€€€*

NASSAU/ NEW PROVIDENCE

KARTE IM HINTEREN UMSCHLAG

(146 C3) (*E–F2*) **Mit nur 35 km Länge gehört die Insel nicht zu den größten im Land, doch New Providence ist der touristische Nabel der Bahamas.** Hier halten sich die meisten Urlauber auf, hier leben 70 Prozent der rund 350 000 Bahamaer, zumeist in der Hauptstadt Nassau im Nordosten. Die Ferienhotels haben sich in zwei Zentren außerhalb der Stadt angesiedelt: Das eine ist *Cable Beach* einige Kilometer westlich von Nassau. Das andere, in den letzten Jahren kräftig ausgebaute Urlauberziel ist *Paradise Island,* eine kleine vorgelagerte Insel mit palmengesäumten Stränden, Resorthotels und einem Kasino. Der Aufschwung der Stadt begann 1940, als der Herzog von Windsor, der abgedankte englische König, Generalgouverneur der Bahamas wurde und Nassau zum skandalumwitterten Treff von Adel und Geldadel avancierte. Megahotels, florierende Bankgeschäfte und ein großer Kreuzfahrthafen sorgen heute für reges Treiben.

SEHENSWERTES

ALTSTADT (145 E4) (*e7*)

Das Herz der Altstadt Nassaus pocht am Hafen, wo über der *Prince George Wharf* die turmhohen Kreuzfahrtschiffe aufragen. Davor liegen *Rawson Square* und *Parliament Square,* an dem die bahamaische Regierung in fotogenen rosafarbenen Kolonialbauten von 1805 residiert. Vor dem *Parliament Building* thront eine Statue der jungen Königin Victoria. Unmittelbar davor verläuft die *Bay Street,* die Hauptschlagader Nassaus gen Westen: Hier liegt das Geschäftszentrum der Stadt mit Tax-Free-Shops, Lokalen, Schmuckgeschäften und Souvenirläden. Im bunten *Straw Market* werden

Turmhohe Kreuzfahrtschiffe vor Kolonialbauten: der Hafen von Nassau im Herzen der Altstadt

Strohhüte (daher der Name), Postkarten und günstiges Kunsthandwerk angeboten (Handeln um den Preis ist hier Tradition). Auf der *George Street* in südlicher Richtung passiert man die 1841 erbaute *Christ Church Cathedral* und steht dann vor dem imposanten, 1801 errichteten *Government House,* dem Sitz des englischen Generalgouverneurs. Jeden zweiten Samstag um 10 Uhr wird wie in London mit viel Pomp der Wachwechsel zelebriert.

FORT FINCASTLE (145 E4) *(e7)*
Eine Festung von 1787: Vom 38 m hohen Wasserturm bietet sich ein toller Blick über die Stadt. Von der Altstadt gut zu erreichen über die *Queen's Staircase*. *Tgl. Führungen 8–15 Uhr | Eintritt 1 B$*

JUNKANOO EXPO (145 E4) *(e7)*
Im alten Zoll-Lagerhaus am Kreuzfahrthafen sind die bunt dekorierten Karnevalswagen und üppigen Kostüme des bahamaischen Junkanoo-Festes zu bewundern. *Tgl. 10–16 Uhr | Eintritt 5 B$ | Prince George Wharf*
Eine weitere private Junkanoo-Ausstellung zeigt das *Ivern House (31 West Street/Delancey Street | Öffnungszeiten auf Anfrage Tel. 3 28 37 86)* im Hilltop-District.

PARADISE ISLAND
(145 E–F4) *(e–f7)*
Die 5 km lange Insel vereint alle Zutaten für den perfekten Urlaubscocktail: imposante Hotelkomplexe, Shoppingarkaden, ein Kasino mit Glitzershows, einen Golfplatz und einen Traumstrand mit puderfeinem Sand, der sich an der ganzen Nordseite der Insel hinzieht. Die spektakulärste Anlage ist das *Atlantis Resort* mit fünf Gebäudekomplexen, Badelandschaft und großartigem Aquarium. *Brücke nach Nassau | Mautgebühr 1 B$*

POMPEY MUSEUM (145 E4) *(e7)*
Im alten Sklavenmarkt von 1769 wird die Geschichte der Sklaverei auf den Bahamas nacherzählt. *Mo–Sa 9.30–16.30, Do bis 13 Uhr; zeitweilig wegen Renovierung geschl. | Eintritt 3 B$ | West Bay Street/George Street | www.ammcbahamas.com*

SEAWORLD EXPLORER
(145 E4) *(e7)*
Ein Ausflug unter Wasser für Wasserscheue: Per U-Boot geht es zu Korallen und bunten Fischen. *Fahrpreis 49 B$ | Abfahrt beim Straw Market im Kreuzfahrthafen | Tel. 3 56 25 48 | www.seaworldtours.com*

ESSEN & TRINKEN

CAFÉ MATISSE (145 E4) *(e7)*
Ein beliebtes Bistro in der Altstadt. Italienische Küche, schön zum Lunch im idyllischen Innenhof. *Bank Lane | Tel. 3 56 70 12 | €€*

GOLDIE'S CONCH HOUSE
(145 D4) *(d7)*
Man kann in dieser bahamaischen Fastfood-Hütte direkt zusehen, wie die Conchs zubereitet werden. Dazu frischen Fisch und kaltes Bier. *Arawak Cay | Tel. 3 25 43 00 | €*

GRAYCLIFF (145 E4) *(e7)*
Gourmetrestaurant in einer Kolonialvilla. Französisch inspirierte karibische Küche, dazu verfügt das Haus über den besten Weinkeller aller Bahamas-Inseln. Jackettpflicht. *West Hill Street/Blue Hill Road | Tel. 3 02 91 50 | www.graycliff.com | €€€*

POOP DECK (145 E4) *(e7)*
Szenelokal mit großer Bar und Terrasse am Yachthafen. Guter Fisch und leckere

Drinks. *East Bay Street | Tel. 3 93 81 75 | €–€€*

TRU BAHAMIAN FOOD TOUR

Anstelle von Lunch in nur einem Lokal gibt es hier eine dreistündige kulturell-kulinarische Führung durch die Altstadt zu mehreren Restaurants inklusive vieler Kostproben. *George Street | 69 B$ | Tel. 6 01 17 25 | trubahamianfood tours.com*

Hut ab vor so viel Flechtwerk: In den bunten Straw Markets findet jeder das passende Stück

EINKAUFEN

Von originellen T-Shirts bis zu Parfum und Edeluhren: Was Sie an der *Bay Street* und im *Straw Market* nicht finden, das gibt es nicht auf den Bahamas. Fendi, Gucci und Cartier residieren hier. Hier können Sie Kosmetik, Kameras, Uhren und Lederwaren zollfrei einkaufen. Weitere Shoppingmöglichkeiten, Live-Entertainment und Restaurants warten im *Atlantis Marina Village* (145 E4) (*e7*) auf Paradise Island.

FREIZEIT & SPORT

BAREFOOT SAILING CRUISES

Halb- und ganztägige Segeltörns mit Schnorchelpausen und Lunch auf einer einsamen Insel. *Tel. 3 93 08 20 | www.barefootsailingcruises.com*

DOLPHIN ENCOUNTERS ★

(145 E4) (*e7*)

Etwas Besonderes: Schwimmen mit Delphinen und Seelöwen in einer natürlich gestalteten Lagune auf einer vorgelagerten Insel. *109–185 B$ | Abfahrt am Fährgebäude der Paradise Island Bridge | Nassau | Tel. 3 63 10 03 | www.dolphinencounters.com*

TAUCHEN

Die besten Riffe – an denen schon Filmheld James Bond tauchte – liegen an der Nordwestküste und der Südküste von New Providence, dazu gibt es Schiffswracks und ein *Blue Hole* zu entdecken. Tauchkurse und Touren z. B. bei *Bahama Divers (Tel. 3 93 56 44 | www.bahamadivers.com)* oder bei *Stuart Cove's (Reservierungszentrale in den USA: Tel. 954 5 24 57 55 | www.stuartcove.com)*.

AM ABEND

Die meisten Bars (145 E4) (*🗺 e7*) bieten zur Happy Hour (16–19 Uhr) Drinks zum halben Preis an, z. B. die *Hammerheads Bar (East Bay Street)*. Danach geht's in Diskos wie *Club Waterloo (East Bay Street)* oder Partylokale wie *Senor Frogs (Woodes Rodgers Walk)*.

LOW BUDG€T

▶ *Arawak Cay* in Nassau heißt bei Einheimischen „The Fish Fry", denn an den Imbissständen gibt es die besten und billigsten Grillfische und *cracked conchs*. *West Bay Street/Chippingham Road*

▶ Auf Eleuthera finden Surfer gute Wellen – und ein billiges Bett im *Surfers Haven Bahamas* (pro Nacht schon ab 45 B$). *Governors Harbour | Tel. 5 51 96 35 | www.bahamasadventures.com/surfers_haven.php*

▶ Mit dem *People to People Program* stellt das Tourismusamt kostenlos Kontakte zwischen Touristen und Einheimischen her, die einen Tag gemeinsam verbringen. Mit Ausflügen, Partys oder auch einem Kirchgang. *Tel. 3 23 18 53 | short.travel/kga11*

ÜBERNACHTEN

ATLANTIS PARADISE ISLAND ★ ●

(145 E4) (*🗺 e7*)

Resort der Superlative: Die gut 3700 Zimmer verteilen sich auf mehrere Türme am Strand. Im tropisch begrünten Innenhof des gigantomanen Hotels liegt ein riesiges Erlebnisschwimmbad. Außerdem: mehrere Restaurants, Kasino und Showtheater. Große Teile der Anlage können auch von Nicht-Gästen besucht werden. *Nassau/Paradise Island | Tel. 3 63 30 00 | www.atlantis.com |* €€–€€€

BEST WESTERN BAY VIEW SUITES

(145 E4) (*🗺 e7*)

Gut geführte Ferienanlage mit 30 Suiten, Apartments und Villen in einem tropischen Garten. Zum Strand sind es zehn Minuten zu Fuß. *Bay View Drive | Nassau/Paradise Island | Tel. 3 63 25 55 | www.bwbayviewsuites.com |* €€–€€€

ORANGE HILL BEACH INN

(144 B4) (*🗺 b7*)

Sehr einfache, aber dafür preiswerte und persönlich geführte Pension nahe des Flughafens mit Pool und Restaurant. Zum Strand sind es nur einige wenige Schritte. Beliebt bei Tauchern. *33 Zi. | West Bay Street | Cable Beach/Nassau | Tel. 3 27 71 57 | www.orangehill.com |* €–€€

AUSKUNFT

THE BAHAMAS MINISTRY OF TOURISM

Infozentren am *International Airport* (144 B5) (*🗺 b8*) und am *Prince George Dock in der Altstadt* (145 E4) (*🗺 e7*) *| Tel. 3 02 20 00 | www.bahamas.com*

ZIELE IN DER UMGEBUNG

EXUMAS ★

(146–147 C–D 3–4) (🗺 F3)

Bei einer Tagestour zu den unbewohnten Inseln der nördlichen Exumas erleben Sie die Bahamas von ihrer schönsten Seite: In rasanter Powerboat-Fahrt geht es über das türkisfarbene Wasser. In den Pausen kann man schnorcheln, baden und Iguanas (Leguane) beobachten. *Powerboat Adventures | ca. 200 B$ | Tel. 3 63 22 65 | www.powerboatadventures.com*

George Town (1500 Ew.) auf Great Exuma ist auch per Linienflug von Nassau zu erreichen. Ein beliebter Bootsausflug führt von dort nach INSIDER TIPP *Big Major Key*, wo die mittlerweile berühmten „schwimmenden Schweine" leben – verwilderte Hausschweine mit Leidenschaft fürs Wasser *(Tagestour ca. 160 B$ | exumawatertours.com)*.

SAN SALVADOR (147 E3–4) (🗺 F–G3)

Das ist sie also, die Kolumbus-Insel Guanahani, auf der Cristobal Colón 1492 erstmals die Neue Welt betrat. Die Historiker streiten sich zwar, doch die Lagunen im Binnenland der kaum 20 km langen Insel scheinen das Logbuch von Kolumbus zu bestätigen. Das wichtigste der gleich vier Kolumbus-Denkmäler, ein großes, weißes Kreuz, steht etwa 5 km südlich der einzigen Stadt *Cockburn Town* am Strand. An der Nordspitze der Insel steht das *Dixon Hill Lighthouse,* das seit seiner Erbauung 1856 mit Kerosin betrieben wird. Eine moderne Clubanlage mit langem Strand ist der *Club Med Columbus Isle (288 Zi. | Cockburn Town | Tel. 3 31 20 00 | www.clubmed.de | €€–€€€)*, zu buchen nur als Pauschalpaket. Das einfache Hotel *Riding Rock Inn (42 Zi. | Cockburn Town | Tel. 3 31 26 31 | www.ridingrock.com | €€)* ist seit Jahren ein Treff der Taucherszene mit sehr gutem Tauchshop und Restaurant.

Besser geht's nicht auf den Bahamas: die Inseln der nördlichen Exumas

AUSFLÜGE & TOUREN

Die Touren sind im Reiseatlas, in der Faltkarte und auf dem hinteren Umschlag grün markiert

1 VON SANTIAGO DE CUBA NACH MANZANILLO

Eine längere Busreise ist, neben der schönen Landschaft, die man im Vorbeifahren erlebt, vor allem wegen der Begegnung mit den freundlichen und aufgeschlossenen Kubanern zu empfehlen.

Während der fünfstündigen Fahrt (ca. 180 km) kommt man fast zwangsläufig ins Gespräch. Die Busstation Santiago liegt gleich neben der Plaza de la Revolución auf der Höhe der Avda. de los Libertadores/Carretera Central. Die Fahrkarten *(20 CUC)* sollten Sie besser im Voraus kaufen.

Zunächst geht die Fahrt durch die wenig attraktiven Vororte von **Santiago de Cuba** → S. 43. Bald schon sind hinter den Zuckerrohrfeldern in der Ferne die Hügel der Sierra Maestra zu sehen. Nach ungefähr einer Stunde (25 km) kommt der Bus in **San Luis** an, einem wenig interessanten Dorf, in dem Händler die Reisenden durch das Busfenster mit Erfrischungen versorgen. Zügig geht es weiter, bergan an kleineren Ortschaften und Bananenplantagen vorbei Richtung **Contramaestre**. Nach etwa 45 km erreichen Sie dieses etwas größere Dorf, dessen kolonialer Baustil noch gut erhalten ist. Auch hier können Sie sich durch das offene Fenster mit dem Nötigsten versorgen. Weiter geht es jetzt durch Palmenwälder und Orangenhaine: Nächster Stopp ist ein kleines Café am Straßenrand. Nach einer Mittagspause von einer halben

Bild: Im Nebenwald der Blue Mountains auf Jamaika

Wo die Bananen wachsen und Ibisse auf Krebsfang gehen: zu Fuß, mit dem Boot oder dem Bus durch die karibische Natur

Stunde *(Hähnchen und Yams 6 Pesos, außerdem gibt es hier Toiletten)* geht es an Kürbisfeldern vorbei weiter nach **Bayamo**, der 105 000 Einwohner zählenden Hauptstadt der Provinz Granma. Die 125 km nordwestlich von Santiago gelegene Stadt wurde 1513 von Diego Velázquez gegründet. Da sie 1869 von ihren Bewohnern aus Protest gegen die spanische Unterdrückung in Brand gesteckt, völlig vom Feuer zerstört und hastig wieder aufgebaut wurde, lässt sich ihr einstiger Charme kaum noch erahnen. An der Busstation können Sie abermals etwas essen oder einen köstlichen Daiquiri genießen.

Von hier aus geht es in eineinhalbstündiger Fahrt (56 km) durch Reisfelder, in deren seichten Kanälen Angler und Stelzvögel auf Fischfang gehen, weiter nach **Manzanillo** (ca. 100 000 Ew.), der Haupthafenstadt Granmas. Schon von weitem erkennt man riesige Plakatwände, auf denen Ché Guevara und Camilo Cienfuegos abgebildet sind. Vom etwas außerhalb liegenden Busterminal können Sie sich für 10–20 Pesos in einem alten amerikanischen Straßenkreuzer ins Zentrum der Stadt fahren lassen. Übernachtung: *Hotel Guacanayabo | 112 Zi. | Avda. Camilo Cienfuegos | Tel. 023 2354012 | €*

2 BERGTOUR ZUM BLUE MOUNTAIN PEAK

Die fünf- bis sechsstündige Bergwanderung mit Übernachtung führt über steil gewundene Pfade vorbei an Kaffee- und Bananenpflanzungen in die üppige Vegetation des Regenwaldes und die farbenprächtige Vogelwelt Jamaikas.

Ausgangspunkt der Wanderung ist **Whitfield Hall**, eine Kaffeeplantage und Gästelodge in den Bergen nahe dem Ort **Mavis Bank**. Die meisten Wanderer beginnen den Anstieg am frühen Morgen, vor allem bei Vollmond.

Etwa 1 km vom Hostel entfernt beginnt der Trail. Bald wird der Pfad steiler und windet sich entlang der mit Kaffee und Bananen bepflanzten Terrassenhügel. Er führt durch farngesäumten Regenwald mit Bambus, Bromelien und Orchideen. Die Temperaturen sind hier viel niedriger als in den tieferen Lagen, und die hohe Luftfeuchtigkeit lässt die Vegetation mit über 500 Pflanzenarten grün und üppig wachsen. Der letzte Teil des Weges führt durch Zwergfichtenwälder, bevor Sie nach der Hälfte der Strecke **Portland Gap** erreichen.

Von jetzt an wird der Weg noch steiler und schwieriger. Die letzten Kilometer führen durch ein ausgetrocknetes Flussbett namens **Jakob's Ladder**. Von hier aus sieht man den **Peak** (2256 m) und, wenn der Tag klar ist, die Südküste mit Kingston und im Norden Port Antonio. Manchmal kann man sogar Kuba in der Ferne erkennen.

Auf dem Peak gibt es eine überdachte **Hütte**, die dem Forestry Department gehört. Hier können Sie über Nacht kampieren. Snacks und Drinks gibt es an der **Ranger Station**. Von hier aus erfolgt dann morgens in aller Frühe der Abstieg.

3 WANDERUNG IM REGENWALD EL YUNQUE

Als Teil des U. S. Forest Service ist der puerto-ricanische Nationalwald El Yunque der einzige tropische Regenwald der USA. Auf den beiden vorgestellten Wegen (zwei bzw. vier Stunden) durchwandern Sie verschiedenartige Wälder und gelangen zu einem Aussichtsturm mit faszinierendem Ausblick.

Eine halbe Stunde Autofahrt östlich von **San Juan** → S. 86 liegt der tropische Wald **El Yunque** → S. 91 mit seinem Vogelschutzgebiet. Von der Route 3 Richtung Fajardo biegen Sie nach rechts ab auf die Route 191. In El Yunque wurden 240 Baumarten und mindestens 200 Farnarten gezählt. Im Norden des Waldes erreichen Sie das **Informationszentrum El Portal** *(tgl. 9–17 Uhr | Eintritt 4 US$)*. Hier werden Videos über El Yunque und andere Regenwälder gezeigt.

Etwas weiter, beim Picknickplatz, stürzt der **Wasserfall La Mina** in den gleichnamigen Fluss, in dem einst Gold gefunden wurde. Von hier aus führt ein befestigter Wanderweg, der **Big Tree Trail** (insgesamt zwei Stunden Marsch), durch den **Tabonico-Wald**. Er ist nach dem einheimischen Tabonico-Baum benannt, der in den unteren Berglagen wächst. Viele dieser Bäume werden größer als 45 m, von ihren Ästen hängen Kletterpflanzen und Schlingwurzeln herab. In den höheren Lagen wachsen Colorado-Wälder mit kleineren, oft mit Bromelien bedeckten

Stämmen. Der Rundweg führt schließlich wieder zurück zum Picknickplatz am La Mina. Hier können Sie mit etwas Glück ein paar Vertreter der Puerto-Rico-Amazone, einer heimischen Papageienart, in freier Wildbahn beobachten.
Ein weiterer, vier Stunden langer Rundweg ist der **El Yunque Trail**. Er beginnt am **Caimitillo-Picknickplatz** und schlängelt sich steil durch den **Colorado-Wald** und den **Sierre-Palm-Wald**, um schließlich in den nebelverhangenen **Zwergfichtenwald** des Mount Britton und El Yunque überzugehen. Geradeaus geht es zum **Aussichtsturm des Los Piccachos**. Wenn Sie nach 4 km links abbiegen und der FR 10 für ca. 100 m folgen, gelangen Sie zum **Aussichtsturm des Mount Britton**. Von hier aus haben Sie einen wunderbaren Blick auf die Gipfel **Los Piccachos**, **Roca Marcas** und **Yunque Rock**. Bei klarer Sicht zeigen sich die Nord- und Ostausläufer der Atlantikküste.

4 AUSFLUG IN DEN PARQUE NACIONAL LOS HAÏTISES

Der Nationalpark in der Dominikanischen Republik ist nur per Boot zu erreichen. Daher sollten Sie von Samaná aus eine organisierte Tour für 60 US$ buchen *(Samaná Tourist Information | Malecón 5 | Tel. 5 38 23 32)* – man bekommt dann auch automatisch die erforderliche Genehmigung für den Besuch des Parks. Am besten fahren Sie frühmorgens von Samaná Bay aus los, wenn die Bucht noch ruhig ist, denn die Nachmittagswinde können einen ziemlich starken Seegang hervorrufen.

Felsinsel im Nationalpark Los Haïtises in der Dominikanischen Republik

Per Boot fahren Sie zur gegenüber der Halbinsel **Samaná** → S. 74 gelegenen **Bahía de San Lorenzo**, deren Küste die nördliche Grenze von **Los Haïtises** → S. 75 bildet. Vorbei geht es an felsigen Inselchen und bizarr geformten Kalksteinfelsen. Auf der **Isla de los Pájaros**, auf deren Felsen ein kleiner Wald

In der Tropfsteinhöhle San Gabriel sind vorkolumbische Wandzeichnungen erhalten

gewachsen ist, brüten Braune Pelikane, Schneesichler (eine Reiherart), Rosenseeschwalben und andere Wasservögel. Von hier aus fährt das Boot in die Kanäle der **Mangrovenwälder** des 208 km² großen Nationalparks. Die durchschnittliche Niederschlagsmenge beträgt hier jährlich 1900 bis 2000 mm, die Temperaturen liegen bei 24 bis 26 Grad. Die hohe Luftfeuchtigkeit gibt den verschiedenen tropischen Pflanzen, u. a. Farnen, Bromelien und Orchideen, eine ideale Wachstumsgrundlage. (Leider auch den Moskitos: Insektenspray ist ein Muss!) In den Sümpfen sind bei Ebbe Muscheln, Austern, Schnecken und anderes Meeresgetier zu sehen, und im Verlauf des Flusses kommen Blaureiher und Ibisse vor. Auch soll es hier noch einige Pärchen der seltenen Seekühe geben.

Weiter geht die Fahrt zu den teils miteinander verbundenen Höhlen des Nationalparks, den sogenannten INSIDER TIPP *Cuevas del Ángel*. Wandmalereien und Felszeichnungen bezeugen, dass hier schon vor 4000 Jahren Siboney und Taino gelebt haben. In der Bucht San Lorenzo liegt die Höhle **La Arena**, an deren Eingang zwei Taino-Gesichter in den Fels geritzt sind. Im stalagmitenbewachsenen Inneren der Höhle können Sie mithilfe einer Taschenlampe die Malereien der Ureinwohner bestaunen. Sie zeigen Menschen, Tiere und andere Motive, die zum Leben der Indianer gehörten. Auch die Höhlen **San Gabriel** und **La Línea** enthalten vorkolumbische Zeugnisse.

5 ÖKO-TOUR AUF GRAND BAHAMA

Trotz Kreuzfahrtrummel und großen Hotels eignet sich Grand Bahama auch gut fürs Natur-

erleben. Auf einer Tagestour per Mietwagen oder organisiert von örtlichen Veranstaltern lassen sich Karsthöhlen, Mangrovenwälder und unberührte Riffe entdecken.

Starten Sie möglichst früh: Immerhin beträgt die Strecke zum Ostende der Insel gut 80 km und der Grand Bahama Highway ist trotz des großen Namens in teilweise löchrigem Zustand. Noch ein paar Hotelanlagen säumen den Weg aus **Freeport** → S. 98 hinaus, doch schon bald läßt der Verkehr nach und der Highway führt durch grüne Kiefernwälder gen Osten. Erster Stopp: die Brücke über den **Grand Lucayan Waterway**, einen Kanal, der die Insel quer durchschneidet. Von oben bietet sich ein guter Blick über das völlig flache, nach wie vor fast unbesiedelte Inselinnere.

Nächster Halt: Der ★ **Lucayan National Park** mit den typischen Ökosystemen von Grand Bahama. Hier gedeihen Gumbo-Limbo-, Mahagoni- und Seidenblattbäume, deren Früchte als Nahrung für die Zugvögel dienen. *Coppice* heißt das Gestrüpp hier, ein dichtes Unterholz aus Palmetto, vermischt mit Mangroven und einheimischen Feigenbäumen, zwischen denen Orchideen und Farne gedeihen. Curly-tailed Lizards flitzen mit hochgestelltem Schwänzchen vorüber, und mit etwas Glück läßt sich einer der seltenen, grüngefiederten Abaco-Papageien in den Bäumen beobachten. Lehrpfade führen zu Unterwasserhöhlen wie **Ben's Cave**, für die der Park berühmt ist. Nahe der Höhlen beginnt ein Brettersteig durch das Mangrovendickicht zur Küste – zum traumhaft einsamen **Gold Rock Beach** an der Südküste.

Weiter östlich folgen winzige Dörfer wie **Freetown** und **High Rock** mit kleineren Sehenswürdigkeiten, die Ruinen eines alten Klosters etwa oder ein für die Bahamas typisches *Blue Hole*, ein wassergefülltes Loch im porösen Kalkgestein. Am Ende der Straße liegt **McLean´s Town**: ein Häufchen bunter Hütten, ein paar Läden und Marktstände. Spielende Kinder in den Straßen, einige Männer pinseln an ihren Booten. Von hier kann man sich zum Schnorcheln an eines der Riffe fahren lassen oder zu vorgelagerten, von türkisgrünem Wasser umrahmten Inseln wie **Lightbourne´s Cay** oder **Sweeting´s Cay**, wo eine kleine Hafenbar das relaxte Lebensgefühl der Bahamas zelebriert. Buchung von Kajak- und Sightseeingtouren z. B. bei *Calabash Eco Adventures (Tel. 242 7 27 19 74 | Abholung von den Hotels in Freeport | Preis ca. 89 B$ | www.calabashecoadventures.com).*

Am Gold Rock Beach auf den Bahamas

SPORT & AKTIVITÄTEN

Ob Wassersport oder Wandern, die größeren Karibikinseln haben die besten Voraussetzungen für sportliche Aktivitäten mit ihren fischreichen Gewässern, Korallenriffen und Naturparks mit tropischem Regenwald und üppiger Vegetation.

Hotels und Veranstalter haben sich auf Tauch-, Segel- und Surfkurse mitsamt Ausrüstungsverleih spezialisiert. Urlauber können an Walbeobachtungen *(whalewatching)* teilnehmen, die aus Gründen des Tierschutz nur bei ausgewählten Anbietern gebucht werden sollten. Schön gelegene Golfplätze laden zwischen den Schlägen zu kleinen Spaziergängen mit teilweise spektakulären Ausblicken ein, während organisierte Wanderungen im Regenwald für Vogelkundler, Pflanzenforscher und Insektenliebhaber interessant sind.

GOLF

Golfspielen in der Karibik ist schon des schönen Wetters wegen purer Luxus. Viele Golfplätze der großen Hotelanlagen wurden als wahre „Golfgärten" designt.

Kuba: *Varadero Golf Club Cuba | Avenida de Las Américas | km 8,5 | Tel. 045 66 84 82 | www.varaderogolfclub.com* (18-Loch-Golfplatz)

Cayman Islands: *Britannia Golf Course | Hyatt Regency Grand Cayman Resort & Villas | Tel. 745 46 53 | www.britannia-golf.com*

Jamaika: *Half Moon Golf Club | Montego Bay | Tel. 953 25 60 | www.halfmoon.com*

Bild: Schnorcheln in einer Badebucht vor Cayo Largo, Kuba

Die Karibik verspricht Wassersport pur – doch auch an Land ist für Zeitvertreib gesorgt, ob beim Tanzen oder auf dem Golfplatz

Dominikanische Republik: INSIDER TIPP *Teeth of the Dog | Casa de Campo | La Romana | Tel. 5 23 33 33 | www.casadecampo.com.do* (18-Loch-Platz, davon sieben Wasserlöcher)
Puerto Rico: *Hyatt Dorado | Route 695 | Dorado | Tel. 7 96 00 00 | www.hyatthaciendadelmar.hyatt.com* (zwei 18-Loch-Plätze)
Auf den Bahamas haben sich vor allem die Resortanlagen von *Paradise Island* in Nassau und *Grand Lucayan* auf Grand Bahama einen Namen gemacht.

REITEN

In rasantem Galopp den Strand entlang oder im Schritttempo gemächlich durch verschlungene Pfade im Regenwald – für jeden Reiter eine paradiesische Vorstellung. Viele Anbieter auf den Großen Antillen haben Tagesritte, Ökotouren oder ganze Reiterwochen im Programm.
Dominikanische Republik: *Sea Horse Ranch | Equestrian Center | Punto Cana | Tel. 9 59 27 14 | www.puntacana.com*

Cayman Islands: *Coral Stone Stables | Grand Cayman | Tel. 9164799 | www.csstables.com*
Jamaika: *Chukka Caribbean Adventures | Ocho Rios und Montego Bay | Tel. 9798500 | www.chukkacaribbean.com*
Kuba: *Ecotur | Casa Matriz | Calle B | Havanna | Tel. 72737949*
Puerto Rico: *Hacienda Carabali | Route 992 | Luquillo | Tel. 8895820 | www.haciendacarabalipuertorico.com*
Bahamas: *Pine Tree Stables | Tel. 242 6022122 | www.pinetree-stables.com*

Von den Ufern aller Inseln aus können Sie mit dem Surfbrett starten

SEGELN, WINDSURFEN, KAJAKTOUREN & KITEN

Auf allen Inseln bieten Charterfirmen Tagesausflüge per Boot oder Segelkurse an. Segelboote können mit oder ohne Skipper gemietet werden. Die meisten Hotels verleihen Surfbretter, Kajaks und Katamarane, und die größeren veranstalten regelmäßig Regatten.
Kuba: *Marina Dársena de Varadero | Carretera de Vía Blanca | km 31 | Tel. 045 668060* (Bootsverleih, Angeln, Tauchen, Daycharters)
Cayman Islands: *Sail Cayman | Start am Yacht Club dock C-31 | Tel. 916433 | www.sailcayman.com*
Jamaika: *Montego Bay Yacht Club | Montego Freeport | Tel. 9798038 | www.mobayyachtclub.com*
Dominikanische Republik: *Carib Wind Center | Cabarete Beach | Cabarete | Tel. 5710640 | www.caribwind.com* (Windsurfing, Katamarane, Kajaks)
Puerto Rico: *Caribbean School of Aquatics | Villa Marina | Fajardo | Tel. 7286606* (Katamarantouren, Tagesausflüge)
Bahamas: **INSIDER TIPP** *Starfish Adventure Center | George Town | Exuma | Tel. 242 3363033 | www.starfishexuma.com* (einwöchige Kajaktouren, Kajak- und Segelbootvermietung); *The Moorings | Abaco | Marsh Harbour | Buchung über Reisebüros oder www.moorings.com* (für Bareboat-Charters von Segelbooten und Katamaranen zu Törns in den Abacos, *deutsche Beratung: Tel. 06101*

55 79 15 22); Exuma Kitesurfing | George Town | Exuma | Tel. 202 3 79 50 41 | www.exumakitesurfing.com

TANZEN

Ob Salsa, Samba oder Merengue, wo lässt es sich nicht authentischer Tanzen lernen als auf den Karibischen Inseln? Auf Kuba, Puerto Rico, Jamaika und der Dominikanischen Republik können Sie ganze Tanzurlaube buchen.

Kuba: *Sprachcaffe Kuba | Kuba Reisen | Tel. 069 61 09 12 15 | www.sprachcaffe-kuba.com/DE/kubailar.htm*

Jamaika: *Bob Marley School for the Arts Institute | Flamingo Beach | Falmouth | JM-Trelawny | Tel. 87 64 35 84 01 | www.bobartsinstitute.edu* (u.a. Rastafarian Nyah Binghi Dance)

Dominikanische Republik: *Apple Languages | Santo Domingo | Tel. 040 67 04 46 33 | www.applelanguages.de/de/lernen/tanzen/Santo-Domingo.php*

Puerto Rico: *Salzuumba | Sancturce | Tel. 78 73 42 69 64 | www.salzuumba.com*

Einen Tanzlehrgang für schamanische Rituale, Gesänge und Bewegungen bietet auf Kuba die Agentur *DARTE (Calle 17/Siboney | Havanna | Tel. 07 33 03 50)* an.

TAUCHEN & SCHNORCHELN

Klare, warme Gewässer, Korallenriffe und eine artenreiche Unterwasserwelt eignen sich wunderbar für Erkundungen. Sowohl Anfänger als auch Profis können Kurse oder Ausflüge vom Hotel aus buchen. Ein besonderes Tauchabenteuer auf den Bahamas ist der Tiefseecanyon „Tongue of the Ocean“ vor Andros.

Kuba: *Cuba Diving | Tel. 0049 913 19 70 67 71 | www.cuba-diving.de*

Cayman Islands: *Cayman Diver Ltd. | Tel. 9 45 16 11 | www.caymandiver.com*

Jamaika: *Negril Scuba Centre | Negril Beach Club | Norman Manley Blvd. | Tel. 8 77 75 17 | www.negrilscubacenter.com*

Dominikanische Republik: *Northern Coast Aquasports/Diving | Pedro Clisante 8 | Sosúa | Tel. 5 71 10 28 | www.northerncoastdiving.com*

Puerto Rico: *Caribe Aquatic Adventures | Park Plaza | im Normandie Hotel | San Juan | Tel. 2 81 88 58 | www.diveguide.com/p2046.htm*

Bahamas: *Small Hope Bay Lodge | Fresh Creek | Andros | Tel. 242 3 68 20 14 | www.smallhope.com* (Tauchbasis nahe dem Barriereriff); *Bimini Undersea | Alice Town | Bimini |* Tel. *242 3 47 29 41 | www.biminiundersea.net* (Tauchgänge im warmen Golfstrom vor Bimini, auch INSIDER TIPP Tauchen und Schnorcheln mit wilden Delphinen)

WANDERN & TREKKING

Bis auf die Bahamas und die Cayman Islands eignen sich alle Inseln zum Wandern durch den tropischen Regenwald oder in den Nationalparks. Viele Unternehmen haben sich auf Themenwanderungen (z. B. Birdwatching, Ökotourismus) spezialisiert.

Kuba: *Gaviota Tours | Hotel Kohly-Bosque | Miramar | Havanna | Tel. 07 2 04 47 81 | www.gaviota-grupo.com* (Nationalparkwanderungen und Birdwatching)

Jamaika: INSIDER TIPP *Valley Hikes | Port Antonio | Tel. 9 93 38 81 | uniqudest@aol.com* (Wanderungen und Ausritte zu den Blue Mountains oder ins Cockpit Country)

Dominikanische Republik: *Iguana Mama | Cabarete | Tel. 5 71 09 08 | www.iguanamama.com* (organisierte Klettertouren, Hiking, Rafting)

Puerto Rico: *El Bosque Nacional del Caribe | Route 191 | El Yunque | Tel. 8 88 18 80*

MIT KINDERN UNTERWEGS

Die Karibik ist ein ausgesprochen kinderfreundliches Reisegebiet: Weiße Strände und türkisfarbenes, seichtes Meer sind der ideale Tummelplatz für kleine Urlauber. Viele der größeren Hotels haben Kinderprogramme, sogenannte *Kids' Clubs,* entwickelt. Die Touristenbüros geben dazu Auskunft.

AQUARIUM IN HAVANNA
(140 C3) (*🕮 B–C3*)

Das aufwendig renovierte Aquarium in der kubanischen Hauptstadt beherbergt über 3000 im Wasser lebende Tiere, von Garnelen über Seelöwen bis zu Schildkröten, Korallen, Tümmlern und natürlich Fischen. *Di–So 10–18 Uhr | Eintritt Erwachsene 10 US$, Kinder 3 US$ | Avda. 3/Calle 62 | Miramar | www.acuarionacional.cu*

ARDASTRA GARDENS & ZOO
(145 D4) (*🕮 F2*)

Tolle Hits für Kids sind hier das Papageienfüttern und die „Ballettshow" einer Schar Flamingos (dreimal täglich). Dazu gibt es einen Streichelzoo und viele Tiere und Blumen aus der ganzen Karibik. *Tgl. 9–17 Uhr | Eintritt Erwachsene 16 B$, Kinder bis 12 Jahre 8 B$ | Chippingham Road | Nassau | www.ardastra.com*

BOOTSFAHRT AUF DEM BLACK RIVER ★ (142 A5) (*🕮 E7*)

Den längsten Fluss Jamaikas, den Black River, säumen Mangroven und Schilf auf dem Weg ins Meer. In dem sumpfigen, mit Wasserhyazinthen bedeckten Strom leben Spitzkrokodile. Die bis zur 4 m langen Tiere wirken bedrohlich, sind jedoch an den Menschen gewöhnt – manche von ihnen lassen sich sogar füttern und anfassen. Bei einer Bootssafari stößt der Guide einen lauten Pfiff aus, ruft einen Namen – und plötzlich taucht nahe dem Boot eines der Urviecher auf und schielt durch zwei gelbe Augenschlitze zum Besucher hinüber. Wer Glück hat, bekommt einen *Crocodile Dentist* zu Gesicht, einen Grünreiher, der den Alligatoren die Essensreste aus dem offenen Maul pickt. *J. Charles Swaby's South Coast Safari | Black River | ca. 20–30 US$ pro Person | Tel. 9 65 25 13*

MUSEO DEL NIÑO (145 E2) (*🕮 N6*)

Ein Museum für Kinder (und ihre Familien) mit viel Spannung und Spaß. Zu sehen sind unter anderem nachgebildete Straßenszenen von Old San Juan mit Häusern und Gemüsemarkt. Kunstprojekte, Puppentheater und kleine Lernkurse – z. B. warum es wichtig ist, sich

Schatten unter Palmen und seichtes Meer: Die Großen Antillen und die Bahamas eignen sich gut für Urlaub auch mit kleineren Kindern

die Zähne täglich zu putzen – werden von freiwillig mitarbeitenden Studenten inszeniert. Die Aktivitäten, Präsentationen und Animationen werden in Englisch und Spanisch abgehalten. Sie sollten mindestens zwei Stunden Aufenthalt einplanen. *Di–Do 10–15.30, Fr 10–17, Sa und So 12.30–17 Uhr | Eintritt Erwachsene 5 US$, Kinder bis 15 Jahre 7 US$ | 150 Calle Cristo | Old San Juan | www.museodelninopr.org*

PAMPERED PONIES (141 D6) *(🕮 C6)*

Mit den speziell trainierten Ponys und Pferden können Sie mit Ihren Kindern private oder geführte Ausritte unternehmen. Im Programm stehen Frühmorgen-, Mondschein-, Strand- und Wasserritte. *Eineinhalb Stunden 60–75 US$ | Conch Point Road | West Bay | Grand Cayman | Tel. 9 16 25 40 | www.ponies.ky*

PARQUE DE LOS TRES OJOS (144 B2) *(🕮 K7)*

Der Nationalpark in der Dominikanischen Republik hat seinen Namen (Drei Augen) von den drei kleinen Seen, die aus 16 m Tiefe heraufleuchten. Es sind sogenannte *cenotes,* Höhlen im Kalkstein, die sich mit Wasser füllten, nachdem ihre Decken eingebrochen waren. Eine Floßfahrt auf einem dieser unterirdischen Seen ist für Kinder ein echtes Erlebnis! *Tgl. 9–17 Uhr | Eintritt 25 RD | Parque Mirador del Este | östlich von Santo Domingo an der Straße zum Flughafen*

INSIDER TIPP PIRATES OF NASSAU ● (145 E4) *(🕮 F2)*

Zu Besuch bei Captain Blackbeard auf seinem Schiff *Revenge:* Dieses exzellent gestaltete Multimediamuseum lässt die Welt der Freibeuter wieder auferstehen. *Mo–Sa 9–18, So 9–12 Uhr | Eintritt 12 B$, Kinder bis 17 Jahre 6 B$ | Marlborough/George Street | Nassau | www.pirates-of-nassau.com*

EVENTS, FESTE & MEHR

Neben diversen Musikfestivals ist der festliche Höhepunkt in der Karibik der Karneval. Jede Insel feiert ihn zu einer anderen Jahreszeit und auf ihre eigene Weise. Für die farbenprächtigen Maskeraden und Kostümparaden werden oft schon Monate vorher Vorbereitungen getroffen. Das Motto der Verkleidungen geht vielfach auf den afrikanischen Ursprung der Bevölkerung bzw. Legenden aus der Sklavenzeit zurück – beliebt sind Teufels- und Dämonenmasken.

FESTE & VERANSTALTUNGEN

JANUAR

▶ ***Maroon Festival*** in Jamaika: großes Straßenfest in Accompong (6./7. Jan.)

▶ ***Bahamas Marathon:*** Mitte des Monats Lauf durch Nassau (Bahamas)

JANUAR/FEBRUAR

▶ ***Karneval*** in der Dominikanischen Republik, Auftakt in Santo Domingo (28. Jan.)

▶ ***Bob Marley Week*** auf Jamaika: Anlässlich des Geburtstags des Reggaemusikers am 6. Feb. gibt es eine Woche lang Konzerte, v. a. in Kingston (Anfang Feb.).

▶ ***Festival Casals:*** Klassische Konzerte zu Ehren des Musikers Pablo Casals in San Juan in Puerto Rico (Ende Feb.). *www.festcasalspr.gobierno.pr*

MÄRZ/APRIL

▶ ***Semana Santa*** in der Dominikanischen Republik: Prozessionen von Gründonnerstag bis Ostermontag

APRIL

▶ ★ ***Jamaica Carnival:*** Calypso- und Soca-Wettbewerbe, Maskeraden und Tanz (Anfang April). *www.jamaicacarnival.com*

▶ ***National Family Island Regatta:*** Segelwettbewerb gegen Ende des Monats in George Town, Exuma (Bahamas)

▶ ***Karneval*** in Puerto Rico

MAI

▶ ***Cayman Islands Carnival Batabanas:*** Steelbands, Soca-Musik, Straßenparaden, Tanz (1.–4. Mai)

▶ ***Bienal de la Habana:*** die dreißigtägige Bienale würdigt Künstler aus Kuba, der Karibik, Lateinamerika, Afrika und der ganzen Welt. *www.bienalhabana.cult.cu*

JUNI

▶ INSIDER TIPP ***Ocho Rios Jazz Festival Jamaika:*** eine Woche lang Jazzmusik

Auf allen Inseln, ob Große Antillen oder Bahamas, gibt es jede Menge Festivals – und überall wird ausgiebig Karneval gefeiert

aus aller Welt (erste Monatshälfte). *www. jamaicaculture.org/jazz*

JULI

▶ ● ***Reggae Sumfest Jamaika:*** Das größte Open-Air-Festival Jamaikas findet Mitte Juli fünf Tage lang in Montego Bay statt. *www.reggaesumfest.com*

▶ ★ ***Karneval*** in Santiago de Cuba: Straßenumzüge und Musik (Ende Juli)

▶ ***Día de la Rebeldía Nacional:*** Die Kubaner feiern die Taten Fidel Castros.

JULI/AUGUST

▶ ★ ● ***Merengue-Festival*** in Santo Domingo mit Tanz und Spiel, vielen Imbissständen und Kunstgewerbe

▶ ***Junkanoo Summer Festival:*** freitags oder an Wochenenden Livemusik und Straßenkarneval auf den Bahamas

▶ ***Karneval*** in Havanna (Kuba)

AUGUST

▶ INSIDER TIPP ***Fox Hill Festival:*** Anfang des Monats Partys, Musik und Paraden zur Feier der Sklavenbefreiung im alten Schwarzenviertel von Nassau (Bahamas)

OKTOBER

▶ ***Día de Colón*** in der Domikanischen Republik: Feier zu Ehren von Kolumbus am Jahrestag seiner Landung in Amerika (12. Okt.)

▶ ***Festival Teatro de la Habana:*** Theateraufführungen im Rahmen des Internationalen Theaterfestivals in Havanna (Ende Okt.–Anfang Nov.). *www.fth.cult.cu*

DEZEMBER

▶ ***Festival Internacional del nuevo cine latinoamericano:*** international bekanntes Filmfestival mit Veranstaltungen in ganz Havanna. *www. habanafilmfestival.com*

▶ ★ ***Junkanoo:*** am 26. Dezember und zu Neujahr von den frühen Morgenstunden an Paraden, Bands und Tanz auf den Bahamas

LINKS, BLOGS, APPS & MORE

LINKS

▶ www.marcopolo.de/karibik-grosse-ant Alles auf einen Blick zu Ihrem Reiseziel: Interaktive Karten inklusive Planungsfunktion, Impressionen aus der Community, aktuelle News und Angebote ...

▶ www.taucher.net/karibik Tauchführer, Nachrichten, Online Magazin, aktuelle Infos, Tauchsafaris auf den Großen Antillen

▶ www.solboricua.com Lokale Nachrichten aus Puerto Rico, Wetterinformationen, Live Radio, Latin Music, ein virtueller Rundgang durch San Juan, spanisches Wörterbuch und mehr

▶ www.kuba-entdecken.de Allgemeine Informationen, Kultur, Medien, Transport, Musik, Essen & Trinken, Tipps & Tricks

▶ www.bahamaslocal.com Lokale Politik und Nachrichten in Englisch von allen Inseln, dazu Tipps für aktuelle Veranstaltungen, sowie Links zu Videos und Blogs

BLOGS & FOREN

▶ www.jamaicamyway.com Witzig aufgemachtes Forum mit Rastakochrezepten, Gardening in Jamaika, Patois-Sprach-Videos, Yoga in Jamaika, Hotelblogs, Vorstellung jamaikanischer Persönlichkeiten und mehr

▶ short.travel/kga1 Reisen, Pläne, Diskussionen, Jobs, Network, Fotos, Kochrezepte, Leben und Kultur in Puerto Rico

▶ short.travel/kga2 Reiseblogs, praktische Informationen, Feste und Feiertage, Hotelbewertungen, Regionen entdecken, Sehenswürdigkeiten und mehr

▶ short.travel/kga3 Umfangreiche Blogsammlung zu den Bahamas und den Inseln der Großen Anitllen, meist in Englisch

▶ 700experience.com Englischer Lifestyle-Blog aus den Bahamas: Resorts, Mode, Hochzeitstipps und Gesellschaftsklatsch aus Nassau

Egal, ob für Ihre Reisevorbereitung oder vor Ort: Mit diesen Adressen finden Sie noch mehr, was Ihren Urlaub bereichert. Da manche sehr lang sind, führt Sie der short.travel-Code direkt auf die beschriebenen Websites. Falls bei der Eingabe der Codes eine Fehlermeldung erscheint, könnte das an Ihren Einstellungen zum anonymen Surfen liegen

VIDEOS

▶ short.travel/kga4 „Garten Eden unter Wasser", hier wird die Tropenwelt Karibik unter Wasser vorgestellt

▶ short.travel/kga5 Wunderschöne, atmosphärische Aufnahmen von Alltagsszenen in Habana Viaja, die das Leben der kubanischen Hauptstadtbewohner zeigen – poetisch, ohne zu verklären

▶ short.travel/kga6 „Vergangene Welt – Piraten" anschauliche Dokumentation über die Zeit der Seeräuber und Freibeuter in der Karibik

▶ short.travel/kga7 In diesem kurzen Zusammenschnitt des sehr empfehlenswerten Dokumentarfilms „Life and Debt" wird gezeigt, was man als Tourist auf Jamaika nicht zu Gesicht bekommt: wie neoliberale Strategien der Weltbank die einheimische Landwirtschaft in die Knie zwingt und den Inselsaat in eine Schuldenkrise stürzt (auf Englisch)

APPS

▶ MeinWetter Wassertemperaturen, Regen, Sonnenstunden und Luftfeuchtigkeit in der Karibik – und in so ziemlich jeden anderen Ort der Welt

▶ Free Spanish Tutor Kostenloser Spanischführer mit dem man spielerisch die Grundlagen des Spanischen lernt; da die Ausgangssprache Englisch ist, frischt man das gleich mit auf

NETWORK

▶ short.travel/kga8 Informationen zu den Großen Antillen: Wetter, Zeit, die schönsten Strände, Diashows und mehr

▶ short.travel/kga9 In der regen Geo-Community findet man viele Reiseberichte, Bilder, Tipps und Foren zu den karibischen Inseln: Vom kubanischen Reisebericht „Malecón statt Malle" bis zur Fotostrecke über die Cayman Islands dürfte für jeden etwas dabei sein

▶ short.travel/kga10 Die Thorntree-Community von Lonely Planet versammelt jede Menge Fragen und Antworten zum Reiseziel Karibik (Kuba hat eine eigene Kategorie auf der Website), wissenswerte Neuigkeiten und Tipps, unterhaltsame Reiseberichte und Kommentare (auf Englisch)

PRAKTISCHE HINWEISE

ANREISE

American Airlines, British Airways (BA) und KLM fliegen ab Hamburg und Frankfurt nach San Juan. Cubana fliegt von Berlin und Köln aus nach Havanna. Air France, Condor, Iberia, LTU und Delta fliegen von mehreren deutschen Städten aus Santo Domingo an, LTU und Condor auch Puerto Plata. BA fliegen nach Kingston und Montego Bay sowie über London nach Nassau, Condor und LTU nach Montego Bay. Die Bahamas sind auch gut über Miami zu erreichen, von dort verkehren regionale Fluggesellschaften nach Nassau, Abaco und Eleuthera. Die Flugzeit beträgt je nach Ziel ca. 9–12 Stunden. Bei der Einreise über die USA ist eine vorherige Registrierung (mindestens 3 Tage zuvor) via Internet zwingend erforderlich. Kosten: 14 US$. Antragsformular unter: *https://esta.cbp.dhs.gov*

Günstige Flugpreise bewegen sich zwischen 600 und 1000 Euro. Bei der Einreise müssen Individualurlauber neben der Touristenkarte ein Rückflugticket vorweisen und auf Kuba eine erste Hoteladresse angeben.

Natürlich können Sie per Kreuzfahrt in die Karibik gelangen (Auskunft erteilt jedes Reisebüro). Eine Variante für Freunde der Seefahrt ist die Fahrt mit einem Frachtschiff. Eine Karibik-Passage (Start/Ziel Hamburg, Stopps u. a. in Kingston, Cartagena, Puerto Cortés) dauert 42 Tage und kostet 4635 Euro. Teilstrecken sind möglich. Info: *Hamburg Süd Reiseagentur | Domstr. 21 | 20095 Hamburg | Tel. 040 3 70 51 57 | www.hamburgsued-frachtschiffreisen.de*

GRÜN & FAIR REISEN

Auf Reisen können auch Sie viel bewirken. Behalten Sie nicht nur die CO_2-Bilanz für Hin- und Rückreise im Hinterkopf *(www.atmosfair.de; de.myclimate.org)* – etwa indem Sie Ihre Route umweltgerecht planen *(www.routerank.com)* – , sondern achten Sie auch Natur und Kultur im Reiseland *(www.gate-tourismus.de; www.ecotrans.de)*. Gerade als Tourist ist es wichtig, auf Aspekte wie Naturschutz *(www.nabu.de; www.wwf.de)*, regionale Produkte, wenig Autofahren, Wassersparen und vieles mehr zu achten. Wenn Sie mehr über ökologischen Tourismus erfahren wollen: europaweit *www.oete.de*; weltweit *www.germanwatch.org*

AUSKUNFT

BAHAMAS TOURIST OFFICE

c/o Majunke International Sales | Waldstr. 17 | 61479 Glashütten/Frankfurt | Tel. 06174 61 90 14 | www.bahamas.de

CAYMAN ISLANDS TOURISM

6, Arlington Street | London SW1A 1RE | Tel. 0044 20 74 91 77 71 | www.caymanislands.ky

DOMINIKANISCHES FREMDENVERKEHRSAMT

Hochstr. 54 | 60313 Frankfurt/M. | Tel. 069 91 39 78 78 | www.godominicanrepublic.com

Von Anreise bis Zoll

Urlaub von Anfang bis Ende: die wichtigsten Adressen und Informationen für Ihre Reise auf die Großen Antillen

JAMAICA TOURIST BOARD
Schwarzbachstr. 32 | 40822 Mettmann | Tel. 02104 83 29 74 | www.visitjamaica.com

CUBANISCHES FREMDENVERKEHRSAMT
Stavanger Str. 20 | 10439 Berlin | Tel. 030 44 71 96 58 | www.cubainfo.de

FREMDENVERKEHRSAMT PUERTO RICO
Schenkendorfstr. 1 | 65187 Wiesbaden | Tel. 0611 2 67 67 10 | www.topuertorico.org

AUTO

Die Verkehrsregeln entsprechen auf allen Inseln der Großen Antillen den unsrigen, bis auf Jamaika und die Cayman Islands, auf denen wie in England Linksverkehr herrscht. Hier muss man vor allen Dingen die Einfahrt in Verkehrskreisel beachten: Vorfahrt hat, wer sich bereits im Kreisverkehr befindet.

Die Hauptstraßen der Inseln sind überwiegend in gutem Zustand, nur auf den Landstraßen kann man manchmal Überraschungen, wie große Schlaglöcher oder komplett fehlende Markierungen erleben. Zudem sind sie nachts oft schlecht oder gar nicht beleuchtet und werden nicht selten von Kühen oder Schafen als Schlafplatz genutzt.

BUSFAHREN

Busse sind auf den Großen Antillen ein beliebtes, preiswertes und viel genutztes Transportmittel. Rechnen Sie nicht mit unbedingter Fahrplantreue, dafür aber mit vielen interessanten Begegnungen.

Auf den Bahamas verkehren preiswerte Jitney-Busse in Nassau und Freeport.

DIPLOMATISCHE VERTRETUNGEN

DEUTSCHE BOTSCHAFTEN UND KONSULATE
Bahamas: *Honorarkonsulat | Lagoon Court Building, Suite 115 | Nassau | Tel. 242 3 27 11 63*
Cayman Islands und Jamaika: *10, Waterloo Road | P.O. Box 444 | Kingston 10 | Jamaika | Tel. 6 31 79 35*
Dominikanische Republik: *Calle Gustavo Mejía Ricart | Santo Domingo | Tel. 5 42 89 50*
Kuba: *Calle B, No 652 | Calle 11/Calle 13 | Vedado | Ciudad de la Habana | Tel. 07 833 25 69*
Puerto Rico: *Generalkonsulat | 100 N. Biscayne Blvd. | Miami, Florida | Tel. 001305 3 58 02 90*

ÖSTERREICHISCHE BOTSCHAFTEN UND KONSULATE
Bahamas: *Honorarkonsulat | Tel. 242 3 64 32 97 | www.austria.org*
Cayman Islands: *Tel. 9 49 93 33*
Dominik. Republik: *Tel. 5 08 07 09*
Jamaika: *Tel. 9 40 24 04*
Kuba: *Tel. 07 2 04 28 25*
Puerto Rico: *Tel. 6 25 31 18*

SCHWEIZERISCHE BOTSCHAFTEN UND KONSULATE
Bahamas: *Tel. 242 3 62 55 39*
Cayman Islands: *Tel. 3 26 43 85*
Dominik. Republik: *Tel. 5 33 37 81*
Jamaika: *Tel. 9 48 96 56*
Kuba: *Tel. 3 13 24 18 46*
Puerto Rico: *Tel. 7 51 31 82*

EINREISE & AUSREISE

Die meisten Inseln der Großen Antillen und die Bahamas lassen sich mit einem noch sechs Monate gültigen Reisepass besuchen. Wenn die Anreise über die USA führt (auch bei Transit), ist ein maschinenlesbarer Pass erforderlich; neu ausgestellte Pässe müssen biometrische Daten enthalten. Bei Einreise nach Puerto Rico und auf die Bahamas bekommt man im Flugzeug eine *Immigration Card,* die ausgefüllt abzugeben ist. Für Kuba erforderlich sind eine Touristenkarte (erhältlich bei Buchung im Reisebüro oder bei der kubanischen Botschaft) und ein sechs Monate gültiger Pass; wer länger als 30 Tage bleiben will, muss vorher ein Visum beantragen *(Botschaft der Republik Kuba | Stavangerstr. 20 | 10439 Berlin | Tel. 030 91611811 | www.botschaft-kuba.de)*. Seit dem 01.08.2012 verlangt Jamaika von allen Touristen eine Einreisegebühr von 20 US$. Auf allen Inseln wird eine jeweils unterschiedlich hohe Ausreisesteuer fällig.

WÄHRUNGSRECHNER

€	USD	USD	€
10	13,34	10	7,47
20	26,738	20	14,94
30	40,16	30	22,41
40	53,56	40	29,88
50	66,95	50	37,35
60	80,34	60	44,82
70	93,73	70	52,29
80	107,10	80	59,76
90	120,49	90	67,21

GELD & KREDITKARTEN

Größere Hotels, Restaurants und Geschäfte nehmen Mastercard und Visa an. Mit American Express und Diners werden Sie auf Kuba wegen des amerikanischen Wirtschaftsboykotts Schwierigkeiten haben. Reiseschecks sollten auf US-Dollar ausgestellt sein. Es ist sinnvoll, immer ein paar Dollar Bargeld für Kleinigkeiten und Trinkgelder dabeizuhaben. An Geldautomaten können Sie Bargeld abheben – mit EC-Karte zahlen Sie dabei weniger Gebühren als mit der Kreditkarte.

GESUNDHEIT

In touristischen Gebieten (z.B. Puerto Rico, Kuba, Cayman Islands) ist die ärztliche Versorgung zufriedenstellend bis gut. Transportprobleme bestehen eher in ländlichen Gebieten Jamaikas und der Dominikanischen Republik. Es ist ratsam, eine Auslandskrankenversicherung abzuschließen, nützlich ist eine Reiseapotheke. Spezielle Impfungen sind nicht erforderlich. Es ist sinnvoller, guten Moskitoschutz von zu Hause mitzunehmen, als eine (nicht unumstrittene) Malariaprophylaxe vorzunehmen. Auf den Inseln der Großen Antillen gibt es natürlich Insektenspray zu kaufen, doch die Inhaltsstoffe der meisten dort erhältlichen Präparate sind aus gutem Grund in Deutschland nicht zugelassen. *www.fit-for-travel.de*

INSELFLÜGE

Kümmern Sie sich frühzeitig um einen Flug, wenn Sie auch andere Inseln besuchen wollen. Die Dominikanische Republik ist von einigen Inseln aus nur über Miami zu erreichen, dementsprechend sind die Flüge ausgebucht. Zwischen den Inseln der Großen Antillen verkehren Cayman Airways, Air Jamaica, Carribean Airlines und American Airlines. Innerhalb der Bahamas ist Bahamas Air die wichtigste Fluglinie *(www.bahamasair.com)*. Auf den

Bahmas kann man zudem preiswert per Postschiff von Nassau aus zu anderen Inseln gelangen *(www.bahamasferries.com)*.

INTERNET

Fast alle karibischen Fremdenverkehrsämter haben ihre eigenen Websites und sind verbunden mit der *Caribbean Tourism Organization (www.onecaribbean.org)*.

Hilfreiche Websites: *www.cubatravel.cu, www.travelandsports.com, www.jamaicans.com, www.caribbean-online.com.* Weltwetter, Nachrichten und Videos: *www.accuweather.com;* die beste kubanische Musik online: *www.cubamusic.com;* Informationen, Videos, Wetter, Telefonbücher usw.: *www.dominicanrep.com;* Tourismus, Wetter, Reisen in Puerto Rico: *www.welcometopuertorico.org;* die Tageszeitungen der einzelnen Inseln: *www.caribbeannewspapers.com;* News, Reisen, Berichte aus Jamaika: *www.jamaika-online.de;* Websites zu den Bahamas: *www.bahamas.de, www.bnt.bs*

INTERNETCAFÉS & WLAN

WLAN-Plätze (WiFi-Hotspots) gibt es überall. Viele der internationalen Hotelketten haben WLAN-Einrichtungen, in jedem Fall aber kann man sich auf den Flughäfen *Owen Roberts Airport Cayman Islands, Norman Manley International Airport Kingston Jamaika* und *Luis Múñoz Marín International Airport San Juan Puerto Rico* kabellos einloggen. Auf den Bahamas sind Webcafés und Hotspots nur in Nassau und Freeport zu finden. Die großen Hotels hier haben aber zudem WLAN in Lobby und Zimmern.

– Bahamas: *WLAN und Internetkioske im Welcome Center des Festival Place | Prince George Wharf | Nassau*

– Cayman Islands: *Café del Sol | Aqua World Duty Free Mall | Georgetown | Grand Cayman | www.cafedelsol.ky*

– Dominikanische Republik: *Sam's Bar & Grill | Hotel Castilla | J. de C. Ariza | Puerto Plata*

– Jamaika: *Cybershores | Gloucester Ave. | Montego Bay*

– Puerto Rico: *The Crew Station | Wyndham Hotel | 102, Gilberto Concepción de Gracia | Old San Juan*

WAS KOSTET WIE VIEL?

Museum	1–5 Euro *durchschnittlicher Eintritt*
Busfahrt	0,50 Euro *für eine Fahrt auf Jamaika*
Burger	3,75 Euro *für einen Burger auf Jamaika*
Rum	9 Euro *für eine Flasche guten Rum auf allen Inseln*
Zigarren	50–150 Euro *für eine Kiste Havannas*
Kalik-Bier	4–6 Euro *auf den Bahamas*

MIETWAGEN

Mietwagen stehen auf allen Inseln zur Verfügung. Ein Kleinwagen oder Jeep kostet ca. 60 US$ pro Tag, wobei die internationalen Verleihfirmen meist deutlich teurer sind als örtliche Agenturen. Es lohnt sich in jedem Fall, Preisvergleiche anzustellen.

NOTRUF

Bahamas: *911 und 919*
Kuba: *106*
Cayman Islands: *911*

Dominikanische Republik: *911*
Jamaika: *119*
Puerto Rico: *911*

POST

Luftpostbriefe und Karten sind nach Europa zwischen sechs Tagen und vier Wochen unterwegs.

PREISE & WÄHRUNG

Die Währungseinheiten sind: Cayman Island Dollar (CI$); Kubanischer Peso bzw. als Touristenwährung Kubanischer Dollar (CUC); Jamaica-Dollar (J$); Dominikanischer Peso (RD); US-Dollar für Puerto Rico. Der Bahamas-Dollar (B$) ist 1:1 an den US-Dollar gekoppelt. Das Preisniveau auf den Inseln ist sehr unterschiedlich. Am teuersten sind Grand Cayman und die Bahamas, gefolgt von Puerto Rico. Viel billiger reist man auf Kuba und in der Dominikanischen Republik. Importgüter können dennoch teuer sein: Eine kleine Flasche Mineralwasser kann im dominikanischen Hotel mit 8 US$ berechnet werden – einheimisches kostet nur ein Zehntel.

REISEZEIT

Beste Reisezeit ist der Winter. Leider ist dies auch die Hauptsaison für die meisten

WETTER IN SANTO DOMINGO

	Jan.	Feb.	März	April	Mai	Juni	Juli	Aug.	Sept.	Okt.	Nov.	Dez.
Tagestemperaturen in °C	28	28	29	29	30	30	31	31	31	31	30	29
Nachttemperaturen in °C	20	19	20	21	22	23	23	23	23	23	22	21
Sonnenschein Stunden/Tag	6	6	7	6	6	7	7	7	7	7	6	6
Niederschlag Tage/Monat	7	6	5	7	11	12	11	11	11	11	10	8
Wassertemperaturen in °C	27	26	26	27	27	27	28	28	28	28	27	27

Inseln; deshalb empfiehlt sich für Low-Budget-Reisende daher der Sommer. Die sporadischen Niederschläge in der sommerlichen Regenzeit stören kaum. Von Juli bis Ende Oktober herrscht Hurrikansaison – doch keine Angst, vor den zerstörerischen Stürmen wird rechtzeitig gewarnt.

STRASSENVERKEHR

Nur auf Jamaika und den Bahamas gilt Linksverkehr, auf den anderen Inseln fährt man rechts. Vorsicht ist auf den weniger amerikanisierten Inseln geboten: Dort wird extrem rasant gefahren und ebenso gebremst.

STROM

Die Netzspannung schwankt von Insel zu Insel, sogar von Hotel zu Hotel (110–230 Volt). Nehmen Sie einen internationalen Adapter mit und fragen Sie an der Hotelrezeption nach, bevor Sie ihn benutzen.

TAXI

Meist handelt es sich um Sammeltaxis (Kleingeld bereithalten). Oft haben die Taxis keine Taxameter – vereinbaren Sie einen Festpreis.

TELEFON & HANDY

Bei Inlandgesprächen auf Kuba wählt man die Ortskennzahl mit Null, bei Auslandsgesprächen nach der jeweiligen Landesvorwahl die Ortskennzahl ohne Null, dann die Nummer des Teilnehmers. Für die Cayman Islands, Jamaika, die Dominikanische Republik, Puerto Rico und die Bahamas wählt man die Rufnummer direkt nach der Landeskennzahl.

Jede Insel der Großen Antillen verkauft ihre eigenen Telefonkarten, die man an öffentlichen Telefonzellen (meist beim Postamt) benutzen kann. Mit Skype telefonieren Sie preiswert direkt ins Fest- und Mobilfunknetz *(www.skype.com)*. Es lohnt sich, sein Handy mitzunehmen und die SIM-Karte mit einer vor Ort gekauften auszutauschen.

Vorwahlen: Bahamas *001242*, Cayman Islands *001345*, Dominikanische Republik *001809*, Jamaika *001876*, Kuba *0053*, Puerto Rico *001787*. Vorwahl Deutschland *01149*, Österreich *01143*, Schweiz *01141*; aus Kuba: *11949*, *11943* und *11941*

ZEIT

Auf den Cayman Islands, Jamaika und Kuba ist es sechs Stunden früher als nach der Mitteleuropäischen Zeit (MEZ), in der Dominikanischen Republik und Puerto Rico fünf Stunden früher. Während der europäischen Sommerzeit vergrößert sich der Unterschied um eine Stunde. Bahamas: MEZ minus sechs Stunden, doch gilt hier USA-Sommerzeit (Anfang März bis Ende Oktober).

ZOLL

Bei der Einreise in Karibikstaaten sind Dinge des privaten Bedarfs meist zollfrei. Für bestimmte Medikamente muss man ein Rezept vorzeigen. In Kuba ist unter anderem die Einfuhr elektrischer Geräte beschränkt.

Bei der Einreise in die EU sind eine Stange Zigaretten (200 Stück) und ein Liter Alkohol zollfrei (je nach Land gelten auch großzügigere Mengen), außerdem dürfen Mitbringsel bis 430 Euro ausgeführt werden. Halten Sie sich an die strengen Vorschriften für die Einfuhr landwirtschaftlicher Erzeugnisse und die Ausfuhr geschützter Tiere und Pflanzen! *www.zoll.de*

SPRACHFÜHRER ENGLISCH

AUSSPRACHE

Zur Erleichterung der Aussprache sind alle englischen Wörter mit einer einfachen Aussprache (in eckigen Klammern) versehen. Folgende Zeichen sind Sonderzeichen:

θ hartes [s] (gesprochen mit Zungenspitze an der oberen Zahnreihe, zischend)
D weiches [s] (gesprochen mit Zungenspitze an der oberen Zahnreihe, summend)
' nachfolgende Silbe wird betont
ə angedeutetes [e] (wie in „Bitte")

AUF EINEN BLICK

ja/nein/vielleicht	yes [jäs]/no [nəu]/maybe [mäibi]
bitte/danke	please [plihs]/thank you [θänkju]
Entschuldige!	Sorry! [Sori]
Entschuldigen Sie!	Excuse me! [Iks'kjuhs mi]
Darf ich ...?	May I ...? [mäi ai ...?]
Wie bitte?	Pardon? ['pahdn?]
Ich möchte .../Haben Sie ...?	I would like to ...[ai wudd 'laik tə ...]/ Have you got ...? ['Həw ju got ...?]
Wie viel kostet ...?	How much is ...? ['hau matsch is ...]
Das gefällt mir (nicht).	I (don't) like this. [Ai (dəunt) laik Dis]
gut/schlecht	good [gud]/bad [bäd]
offen/geschlossen	open ['oupän]/closed ['klousd]
kaputt/funktioniert nicht	broken ['brəukən]/doesn't work ['dasənd wörk]
Hilfe!/Achtung!/Vorsicht!	Help! [hälp]/Attention! [ə'tänschən]/Caution! ['koschən]

BEGRÜSSUNG & ABSCHIED

Guten Morgen!/Tag!	Good morning! [gud 'mohning]/ afternoon! [aftə'nuhn]
Gute(n) Abend!/Nacht!	Good evening! [gud 'ihwning]/night! [nait]
Hallo!/Auf Wiedersehen!	Hello! [hə'ləu]/Goodbye! [gud'bai]
Tschüss!	Bye! [bai]
Ich heiße ...	My name is ... [mai näim is ...]
Wie heißen Sie/heißt Du?	What's your name? [wots jur näim?]
Ich komme aus ...	I'm from ... [Aim from ...]

Do you speak English?

„Sprichst du Englisch?" Dieser Sprachführer hilft Ihnen, die wichtigsten Wörter und Sätze auf Englisch zu sagen

DATUMS- & ZEITANGABEN

Montag/Dienstag	monday ['mandäi]/tuesday ['tjuhsdäi]
Mittwoch/Donnerstag	wednesday ['wänsdäi]/thursday ['θöhsdäi]
Freitag/Samstag	friday ['fraidäi]/saturday ['sätərdäi]
Sonntag/Werktag	sunday ['sandäi]/weekday ['wihkdäi]
Feiertag	holiday ['holidäi]
heute/morgen/gestern	today [tə'däi]/tomorrow [tə'morəu]/yesterday ['jästədäi]
Stunde/Minute	hour ['auər]/minutes ['minəts]
Tag/Nacht/Woche	day [däi]/night [nait]/week [wihk]
Monat/Jahr	month [manθ]/year [jiər]
Wie viel Uhr ist es?	What time is it? [wot 'taim is it?]
Es ist drei Uhr.	It's three o'clock. [its θrih əklok]

UNTERWEGS

links/rechts	left [läft]/right [rait]
geradeaus/zurück	straight ahead [streit ə'hät]/back [bäk]
nah/weit	near [niə]/far [fahr]
Eingang/Einfahrt	entrance ['äntrənts]/driveway ['draifwäi]
Ausgang/Ausfahrt	exit [ägsit]/exit [ägsit]
Abfahrt/Abflug/Ankunft	departure [dih'pahtschə]/departure [dih'pahtschə]/ arrival [ə'raiwəl]
Darf ich Sie fotografieren?	May I take a picture of you? [mäi ai täik ə 'piktscha of ju?]
Wo ist ...?/Wo sind ...?	Where is ...? ['weə is...?]/Where are ...? ['weə ahr ...?]
Toiletten/Damen/Herren	toilets ['toilət] (auch: restrooms [restruhms])/ladies ['läidihs]/gentlemen ['dschäntlmən]
Bus/Straßenbahn	bus [bas]/tram [träm]
U-Bahn/Taxi	underground ['andəgraunt]/taxi ['tägsi]
Parkplatz/Parkhaus	parking place ['pahking pläis]/car park ['kahr pahk]
Stadtplan/(Land-)Karte	street map [striht mäp]/map [mäp]
Bahnhof/Hafen	(train) station [(träin) stäischən]/harbour [hahbə]
Flughafen	airport ['eəpohrt]
Fahrplan/Fahrschein	schedule ['skädjuhl]/ticket ['tikət]
Zug/Gleis	train [träin]/track [träk]
einfach/hin und zurück	single ['singəl]/return [ri'törn]
Ich möchte ... mieten.	I would like to rent ... [Ai wud laik tə ränt ...]
ein Auto/ein Fahrrad	a car [ə kahr]/a bicycle [ə 'baisikl]
Tankstelle	petrol station ['pätrol stäischən]
Benzin/Diesel	petrol ['pätrəl]/diesel ['dihsəl]
Panne/Werkstatt	breakdown [bräikdaun]/garage ['gärasch]

ESSEN & TRINKEN

Reservieren Sie uns bitte für heute Abend einen Tisch für vier Personen.	Could you please book a table for tonight for four? [kudd juh 'plihs buck ə 'täibəl for tunait for fohr?]
Die Speisekarte, bitte.	The menue, please. [Də 'mänjuh plihs]
Könnte ich bitte ... haben?	May I have ...? [mäi ai häw ...?]
Messer/Gabel/Löffel	knife [naif]/fork [fohrk]/spoon [spuhn]
Salz/Pfeffer/Zucker	salt [sohlt]/pepper ['päppə]/sugar ['schuggə]
Essig/Öl	vinegar ['viniga]/oil [oil]
Milch/Sahne/Zitrone	milk [milk]/cream [krihm]/lemon ['lämən]
mit/ohne Eis/Kohlensäure	with [wiD]/without ice [wiD'aut ais]/gas [gäs]
Vegetarier(in)/Allergie	vegetarian [wätschə'täriən]/allergy ['ällədschi]
Ich möchte zahlen, bitte.	May I have the bill, please? [mäi ai häw De bill plihs]
Rechnung/Quittung	invoice ['inwois]/receipt [ri'ssiht]

EINKAUFEN

Wo finde ich ...?	Where can I find ...? [weə kän ai faind ...?]
Ich möchte .../Ich suche ...	I would like to ... [ai wudd laik tu]/I'm looking for ... [aim luckin foə]
Brennen Sie Fotos auf CD?	Do you burn photos on CD? [Du ju börn 'fəutəus on cidi?]
Apotheke/Drogerie	pharmacy ['farməssi]/chemist ['kemist]
Bäckerei/Markt	bakery ['bäikəri]/market ['mahkit]
Lebensmittelgeschäft	grocery ['grəuscheri]
Supermarkt	supermarket ['sjupəmahkət]
100 Gramm/1 Kilo	100 gram [won 'handrəd gräm]/1 kilo [won kiləu]
teuer/billig/Preis	expensive [iks'pänsif]/cheap [tschihp]/price [prais]
mehr/weniger	more [mor]/less [läss]
aus biologischem Anbau	organic [or'gännik]

ÜBERNACHTEN

Ich habe ein Zimmer reserviert.	I have booked a room. [ai häw buckt ə ruhm]
Haben Sie noch ...?	Do you have any ... left? [du ju häf änni ... läft?]
Einzelzimmer	single room ['singəl ruhm]
Doppelzimmer	double room ['dabbəl ruhm] (Bei zwei Einzelbetten: twin room ['twinn ruhm])
Frühstück/Halbpension	breakfast ['bräckfəst]/half-board ['hahf boəd]
Vollpension	full-board [full boəd]
Dusche/Bad	shower ['schauər]/bath [bahθ]
Balkon/Terrasse	balcony ['bälkəni]/terrace ['tärräs]
Schlüssel/Zimmerkarte	key [ki]/room card ['ruhm kahd]
Gepäck/Koffer/Tasche	luggage ['laggətsch]/suitcase ['sjutkäis]/bag [bäg]

BANKEN & GELD

Bank/Geldautomat	bank [bänk]/ATM [äi ti äm]/cash machine ['käschməschin]
Geheimzahl	pin [pin]
Ich möchte ... Euro wechseln.	I'd like to change ... Euro. [aid laik tu tschäindsch ... iuhro]
bar/ec-Karte/Kreditkarte	cash [käsch]/ATM card [äi ti äm kahrd]/credit card [krädit kahrd]
Banknote/Münze	note [nout]/coin [koin]
Wechselgeld	change [tschäindsch]

TELEKOMMUNIKATION & MEDIEN

Ich suche eine Prepaid-karte.	I'm looking for a prepaid card. [aim 'lucking fohr ə 'pripäid kahd]
Wo finde ich einen Internetzugang?	Where can I find internet access? [wär känn ai faind 'internet 'äkzäss?]
Brauche ich eine spezielle Vorwahl?	Do I need a special area code? [du ai nihd ə 'späschəl 'äria koud?]
Computer/Batterie/Akku	computer [komp'jutə]/battery ['bättəri]/recharge-able battery [ri'tschahdschəbəl 'bättəri]
At-Zeichen („Klammeraffe")	at symbol [ät 'simbəl]
Internetanschluss/WLAN	internet connection ['internet kə'näktschən]/Wifi [waifai] (auch: Wireless LAN ['waərläss lan])
E-Mail/Datei/ausdrucken	email ['imäil]/file [fail]/print [print]

ZAHLEN

0	zero ['sirou]	18	eighteen [äi'tihn]
1	one [wan]	19	nineteen [nain'tihn]
2	two [tuh]	20	twenty ['twänti]
3	three [θri]	21	twenty-one ['twänti 'wan]
4	four [fohr]	30	thirty [θör'ti]
5	five [faiw]	40	fourty [fohr'ti]
6	six [siks]	50	fifty [fif'ti]
7	seven ['säwən]	60	sixty [siks'ti]
8	eight [äit]	70	seventy ['säwənti]
9	nine [nain]	80	eighty ['äiti]
10	ten [tän]	90	ninety ['nainti]
11	eleven [i'läwn]	100	(one) hundred [('wan) 'handrəd]
12	twelve [twälw]	200	two hundred ['tuh 'handrəd]
13	thirteen [θör'tihn]	1000	(one) thousand [('wan) θausənd]
14	fourteen [fohr'tihn]	2000	two thousand ['tuh θausənd]
15	fifteen [fif'tihn]	10000	ten thousand ['tän θausənd]
16	sixteen [siks'tihn]	1/2	a/one half [ə/wan 'hahf]
17	seventeen ['säwəntihn]	1/4	a/one quarter [ə/wan 'kwohtə]

SPRACHFÜHRER SPANISCH

AUSSPRACHE

c	vor „e" und „i" stimmloser Lispellaut wie englisches „th"
ch	stimmloses „tsch" wie in „tschüss"
g	vor „e, i" wie deutsches „ch" in „Bach"
gue, gui/que, qui	das „u" ist stumm, wie deutsches „ge", „gi"/„ke", „ki"
j	immer wie deutsches „ch" in „Bach"
ll, y	wie deutsches „j"
ñ	wie deutsches „nj"

AUF EINEN BLICK

ja/nein/vielleicht	sí/no/quizás
bitte/danke	por favor/gracias
Hallo!/Auf Wiedersehen!/Tschüss!	¡Hola!/¡Adiós!/¡Hasta luego!
Gute(n) Morgen!/Tag!/Abend!/Nacht!	¡Buenos días!/¡Buenos días!/¡Buenas tardes!/¡Buenas noches!
Entschuldige!/Entschuldigen Sie!	¡Perdona!/¡Perdone!
Darf ich ...?	¿Puedo ...?
Wie bitte?	¿Cómo dice?
Ich heiße ...	Me llamo ...
Wie heißen Sie?/Wie heißt Du?	¿Cómo se llama usted?/¿Cómo te llamas?
Ich komme aus ...	Soy de ...
Deutschland/Österreich/Schweiz	Alemania/Austria/Suiza
Ich möchte .../Haben Sie ...?	Querría .../¿Tiene usted ...?
Wie viel kostet ...?	¿Cuánto cuesta ...?
Das gefällt mir (nicht).	Esto (no) me gusta.
gut/schlecht	bien/mal
kaputt/funktioniert nicht	roto/no funciona
zu viel/viel/wenig/alles/nichts	demasiado/mucho/poco/todo/nada
Hilfe!/Achtung!/Vorsicht!	¡Socorro!/¡Atención!/¡Cuidado!
Krankenwagen/Polizei/Feuerwehr	ambulancia/policía/bomberos
Darf ich hier fotografieren?	¿Podría fotografiar aquí?

DATUMS- & ZEITANGABEN

Montag/Dienstag/Mittwoch	lunes/martes/miércoles
Donnerstag/Freitag/Samstag	jueves/viernes/sábado
Sonntag/Werktag/Feiertag	domingo/laborable/festivo

¿Hablas español?

„Sprichst du Spanisch?" Dieser Sprachführer hilft Ihnen, die wichtigsten Wörter und Sätze auf Spanisch zu sagen

heute/morgen/gestern	hoy/mañana/ayer
Stunde/Minute/Sekunde/Augenblick	hora/minuto/segundo/momento
Tag/Nacht/Woche/Monat/Jahr	día/noche/semana/mes/año
jetzt/sofort/früher/später	ahora/enseguida/antes/después
Wie viel Uhr ist es?	¿Qué hora es?
Es ist drei Uhr./Es ist halb vier.	Son las tres./Son las tres y media.
Viertel vor vier/Viertel nach vier	cuatro menos cuarto/cuatro y cuarto

UNTERWEGS

offen/geschlossen/Öffnungszeiten	abierto/cerrado/horario
Eingang/Einfahrt/Ausgang/Ausfahrt	entrada/acceso/salida/salida
Abfahrt/Abflug/Ankunft	salida/salida/llegada
Toiletten/Damen/Herren	aseos/señoras/caballeros
frei/besetzt	libre/ocupado
(kein) Trinkwasser	agua (no) potable
Wo ist ...? /Wo sind ...?	¿Dónde está ...? /¿Dónde están ...?
links/rechts	izquierda/derecha
geradeaus/zurück	recto/atrás
nah/weit	cerca/lejos
Ampel/Ecke/Kreuzung	semáforo/esquina/cruce
Bus/Straßenbahn/U-Bahn/Taxi	autobús/tranvía/metro/taxi
Haltestelle/Taxistand	parada/parada de taxis
Parkplatz/Parkhaus	parking/garaje
Stadtplan/(Land-)Karte	plano de la ciudad/mapa
Bahnhof/Hafen/Flughafen	estación/puerto/aeropuerto
Fähre/Anleger	transbordador/muelle
Fahrplan/Fahrschein/Zuschlag	horario/billete/suplemento
einfach/hin und zurück	sencillo/ida y vuelta
Zug/Gleis/Bahnsteig	tren/vía/andén
Verspätung/Streik	retraso/huelga
Ich möchte ... mieten.	Quería ... alquilar.
ein Auto/ein Fahrrad/ein Boot	un coche/una bicicleta/un barco
Tankstelle/Benzin/Diesel	gasolinera/gasolina/diesel
Panne/Werkstatt	avería/taller

ESSEN & TRINKEN

Reservieren Sie uns bitte für heute Abend einen Tisch für vier Personen.	Resérvenos, por favor, una mesa para cuatro personas para hoy por la noche.
auf der Terrasse/am Fenster	en la terraza/junto a la ventana
Die Speisekarte, bitte!	¡El menú, por favor!

Könnten Sie mir bitte ... bringen?	¿Podría traerme ... por favor?
Flasche/Karaffe/Glas	botella/jarra/vaso
Messer/Gabel/Löffel	cuchillo/tenedor/cuchara
Salz/Pfeffer/Zucker	sal/pimienta/azúcar
Essig/Öl/Milch/Zitrone	vinagre/aceite/leche/limón
kalt/versalzen/nicht gar	frío/demasiado salado/sin hacer
mit/ohne Eis/Kohlensäure	con/sin hielo/gas
Vegetarier/Vegetarierin/Allergie	vegetariano/vegetariana/alergía
Ich möchte zahlen, bitte.	Querría pagar, por favor.
Rechnung/Quittung/Trinkgeld	cuenta/recibo/propina

EINKAUFEN

Apotheke/Drogerie	farmacia/droguería
Bäckerei/Markt	panadería/mercado
Metzgerei/Fischgeschäft	carnicería/pescadería
Einkaufszentrum/Kaufhaus	centro comercial/grandes almacenes
Geschäft/Supermarkt/Kiosk	tienda/supermercado/quiosco
100 Gramm/1 Kilo	cien gramos/un kilo
teuer/billig/Preis	caro/barato/precio
mehr/weniger	más/menos
aus biologischem Anbau	de cultivo ecológico

ÜBERNACHTEN

Ich habe ein Zimmer reserviert.	He reservado una habitación.
Haben Sie noch ...?	¿Tiene todavía ...?
Einzelzimmer/Doppelzimmer	habitación individual/habitación doble
Frühstück/Halbpension/Vollpension	desayuno/media pensión/pensión completa
nach vorne/zum Meer/zum Garten	hacia delante/hacia el mar/hacia el jardín
Dusche/Bad	ducha/baño
Balkon/Terrasse	balcón/terraza
Schlüssel/Zimmerkarte	llave/tarjeta
Gepäck/Koffer/Tasche	equipaje/maleta/bolso
Schwimmbad/Spa/Sauna	piscina/spa/sauna
Seife/Toilettenpapier/Windel	jabón/papel higiénico/pañal
Babybett/Kinderstuhl/wickeln	cuna/trona/cambiar los pañales
Anzahlung/Kaution	anticipo/caución

BANKEN & GELD

Bank/Geldautomat/Geheimzahl	banco/cajero automático/número secreto
bar/Kreditkarte	en efectivo/tarjeta de crédito
Banknote/Münze/Wechselgeld	billete/moneda/cambio

GESUNDHEIT

Arzt/Zahnarzt/Kinderarzt	médico/dentista/pediatra
Krankenhaus/Notfallpraxis	hospital/urgencias
Fieber/Schmerzen/entzündet/verletzt	fiebre/dolor/inflamado/herido
Durchfall/Übelkeit/Sonnenbrand	diarrea/náusea/quemadura de sol
Pflaster/Verband/Salbe/Creme	tirita/vendaje/pomada/crema
Schmerzmittel/Tablette/Zäpfchen	calmante/comprimido/supositorio

TELEKOMMUNIKATION & MEDIEN

Briefmarke/Brief/Postkarte	sello/carta/postal
Ich brauche eine Telefonkarte.	Necesito una tarjeta telefónica.
Ich suche eine Prepaidkarte für mein Handy.	Busco una tarjeta prepago para mi móvil.
Wo finde ich einen Internetzugang?	¿Dónde encuentro un acceso a internet?
wählen/Verbindung/besetzt	marcar/conexión/ocupado
Steckdose/Adapter/Ladegerät	enchufe/adaptador/cargador
Computer/Batterie/Akku	ordenador/batería/batería recargable
E-Mail(-Adresse)/At-Zeichen	(dirección de) correo electrónico/arroba
Internetadresse (URL)	dirección de internet
Internetanschluss/WLAN	conexión a internet/wifi
Datei/ausdrucken	archivo/imprimir

FREIZEIT, SPORT & STRAND

Strand/Sonnenschirm/Liegestuhl	playa/sombrilla/tumbona
Ebbe/Flut/Strömung	marea baja/marea alta/corriente
Seilbahn/Sessellift	funicular/telesilla

ZAHLEN

0	cero	14	catorce
1	un, uno, una	15	quince
2	dos	16	dieciséis
3	tres	17	diecisiete
4	cuatro	18	dieciocho
5	cinco	19	diecinueve
6	seis	20	veinte
7	siete	100	cien, ciento
8	ocho	200	doscientos, doscientas
9	nueve	1000	mil
10	diez	2000	dos mil
11	once	10 000	diez mil
12	doce	1/2	medio
13	trece	1/4	un cuarto

EIGENE NOTIZEN

MARCO POLO
Unser Urlaub
Web • Apps • eBooks
Die smarte Art zu reisen
Jetzt informieren unter:
www.marcopolo.de/digital
Individuelle Reiseplanung,
interaktive Karten, Insider-Tipps.
Immer, überall, aktuell.

REISEATLAS

Die grüne Linie ▬▬ zeichnet den Verlauf der Ausflüge & Touren nach

Der Gesamtverlauf aller Touren ist auch in der herausnehmbaren Faltkarte eingetragen

Bild: Bahamas-Insel Eleuthera bei Gregory Town an der Westküste

Unterwegs auf den Großen Antillen

Die Seiteneinteilung für den Reiseatlas finden Sie auf dem hinteren Umschlag dieses Reiseführers

A
B
C
USA
1
2
3
4
5
6
Gulf of Mexico
Dry Tortugas
Fort Jefferson Nat. Mem.
Dry Tortugas Nat. Park
Marquesas Keys
Key West
Tropic of Cancer
LA HABANA
Tabara
Guanabo
Guanabacoa
Santa Fe
Bauta
Mariel
Cabañas
Bahía Honda
Cotorro
S.Jose
Bejucal
Güira de Melena
Güines
Batabanó
Playa Rosario
Guanajay
Cayajabos
Artemisa
S.Cristóbal
Taco Taco
La Palma
Cayo Levisa
La Esperanza
Sta.Lucia
Minas de Matahambre
V. Viñales
Archipiélago de los Colorados
Arroyos de Mantua
Mantua
PINAR DEL RÍO
Consolación
Paso Real
de S. Diego
del Sur
Playa Dayaniguas
S.Juan y Martinez
Vuelta Abajo
Hondo
Aguas Claras
Playa las Cañas
Sandino
Isabel Rubio
Las Martinas
La Bajada
Pen. de Guanahacabibes
B. de Guadiana
P.N. Penins. de Guanahacabibes
Bahía de Corrientes
C. de S. Antonio
C. Corrientes
Cayos de San Felipe
Cayos los Indios
Golfo de Batabanó
Ensenada de la Broa
Maneadero
Nueva Gerona
La Melvis
La Reforma
La Fé
Siguanea
Jacksonville
Pta. del Este
Rincón del Guanal
Cayo Cantiles
Cayo del Rosario
Isla de la Juventud (Isla de Pinos)
Archipiélago de los Canarreos
-5h Gr.Time
-6h Gr.Time
Yucatán Basin
Cayman
50 km

D
E
F
146
1
2
3
4
5
6
THE BAHAMAS
CUBA
Cayman Islands (U.K.)
Homestead
Biscayne Nat.Park
Elliott Key
Everglades National Park
C. Sable
East Cape
Flamingo
Florida Bay
Key Largo
Islamorada
158
Marathon
Pine Key
Florida Keys
Straits of Florida
Estrechos de la Florida
Cat Cays
Brown's Cay
Orange Cay
Berry Islands
Chub Cay
Whale Cay
Joulter Cays
New Providence
Nichols Town
Mastic Point
Andros
Staniard Creek
Williams I.
Island
Wide Opening
Big
South Andros I.
Great Bahama Bank
Santaren Channel
Damas Cays
Cay Sal
Anguilla Cays
Nicholas Channel
Archipiélago de Sabana
Archipiélago de Camagüey
Guinchos Cay
Cayo Fragoso
Cayo Guillermo
Cayo Coco
Cayo Romano
Varadero
Sta. Marta
Bahía de Sta. Clara
Cárdenas
276
Quintín Banderas
Isabela de Sagua
Jovellanos
Máximo Gómez
Perico
Sagua la Grande
Sitiecito
Cifuentes
El Santo
Calabazar d. Sagua
Caibarién
Pedro Betancourt
Colón
107
Alacranes
Jagüey Grande
Manguito
Cascajal
Sto. Domingo
Remedios
Bahía Buena Vista
Palpite
92
Aguada de Pasajeros
Cruces
SANTA CLARA
Yaguajay
Pta. Alegre
Cayo Ramona
Ranchuelo
Presa del Hanabanilla
86
Placetas
Jarahueca
Chambas
CIENFUEGOS
Cumanayagua
Manicaragua
A1
La Rana
219
Bolivia
Morón
El Corojal
Jagua
Fomento
Cabaiguán
Jatibonico
Santa Ana
Bahía de Cochinos
Golfo de Cazones
216
CS
Trinidad
Sancti Spíritus
Majagua
Ciego de Ávila
Esmeralda
Brasil
Banao
Presa Zaza
La Sierpe
147
S. Pablo
Jiquí
Derramadero
Colorado
Banao
Tunas de Zaza
Manatí
CC
Florida
Paso de Lesca
Golfo de Ana María
La Jagua
Playa de Florida
CAMAGÜEY
La Vallita
Vertientes
Cayos Cinco Balas
Cayo Grande
Cayo Caballones
Cayos Anclitas
San Pedro
La Palmarita
Cuatro Caminos
Cubitas
Cándido González
Cayo Cabeza del Este
Sta. Cruz del Sur
Golfo de Guacanayabo
Archipiélago de los Jardines de la Reina
P.N. Desembarco del Granma
Niquero
Belic
C. Cruz
Little Cayman
South Town
Cayman Brac
West End
142

A
B
C
146
1
2
3
4
5
6
Little Exuma I.
Hog Cay
Water Cay
Clarence Town
Jumentos Cays
Channel Rock
Guinchos Cay
Archipiélago de Camagüey
Cayo Coco
Cayo Romano
Cay Lobos
Ragged Island Range
Raccon Cay
Duncan Town
Little Ragged I.
Cay Verde
Lloyd Rock (The Brothers)
Cay Santo Domingo
Cayo Guajaba
Bahía de la Gloria
Bolivia
Santa Ana
S. Pablo
Esmeralda
Brasil
Colorado
Jiquí
Banao
Sola
Cayo Sabinal
Pta. Maternillos
Club Mayanabo
Florida
Paso de Lesca
Nuevitas
Minas
La Jagua
San Miguel de Baga
CAMAGÜEY
La Vallita
Sibanicú
Cascorro
Manatí
B. de Malagueta
Jesús Menéndez
Pto. Padre
Vázquez
Vertientes
Cuatro Caminos
Guáimaro
Las Tunas
San Andrés
Auras
Gibara
Guardalavaca
C. Lucrecia
Banes
B. de Banes
CUBA
La Palmarita
Colombia
Cubitas
Gastón
Rafael Freyre
Tacajó
Antilla
Cándido González
Jobabo
Amancio
Buenaventura
Cahotal
HOLGUÍN
B. de Nipe
Cayo Mambí
Vado del Yeso
Cauto
Báguanos
Cacocum
Cayo Cabeza del Este
Sta. Cruz del Sur
Guayabal
Golfo de Guanacayabo
Río Cauto
Embarcadero
Urbano Noris
Cueto
Mayarí
Sagua de Tánamo
Los Indios
Manzanillo
Julia
Mabay
BAYAMO
Jiguaní
Heche-varria
Mella
Mayarí Arriba
Limonar
Campechuela
Yara
Contramaestre
Palma Soriano
La Maya
San Ramón
Niquero
Bartolomé
B. Arriba
Guisa
Victorino
S. Luís
Costa R.
Ruina de Cafetal
GUAN
Masó
Sierra Maestra
Ocujal
Chivirico
SANTIAGO DE CUBA
Bacajagua
Boqueron
P.N. Desembarco del Granma
Belic
Pilón
Marea del Portillo
El Macho
C. Cruz
Balneario del Sol
Cuero
Guantánamo Naval Station (U.S.)
B. de Santiago de Cuba
Montego Bay
Lucea
Grange Hill
Negril
S. Negril Pt.
Savanna-la-Mar
Good Hope Plantation
Falmouth
Rio Bueno
Columbus Landing 1494
Runaway Bay
St. Ann's Bay
Dunns River Falls
Ocho Rios
Oracabessa
Port Maria
Annotto Bay
Buff Bay
Port Antonio
Browns Town
Cambridge
Mt. Denham
Baptist
Alexandria
Moneague
Blue Mts.
Appleton
Gourie
Black River
Linstead
Manchioneal
Chapelton
KINGSTON
Holland Bay
Mandeville
May Pen
Golden Grove
Treasure Beach
Frenchman's Bay
Alligator Pond
Long Bay
The Alley
Portland Pt.
Portland Bight
Portmore
Spanish Town
Harbour View
Morant Bay
Jamaica Channel
JAMAICA
Morant Cays
Pedro Cays
50 km

D
E
F
147
1
2
3
4
5
6
ATLANTIC
OCEAN
THE BAHAMAS
Samana Cay
White Cliff
Bird Rock Lighthouse
Crooked Island
Pitts Town
Colonel Hill
Long Cay
Albert Town
Bight of Acklins
Pinefield
Plana Cays
Indian Community
Snug Corner
Betsy Bay
Abraham's Bay
Mayaguana I.
Devil's Pt.
Mayaguana Passage
Salina Pt.
Acklins I.
Castle I.
Mira por vos Passage
Caicos Passage
Turks and Caicos Islands (U.K.)
Water Cay
North Caicos
Conch Bar Caves
Providenciales Island
Five Cays
Settlements
Bottle Creek
Grand Caicos
East Caicos
Grand Turk Island
Cockburn Town
West Caicos
Caicos Islands
Cockburn Harbor
South Caicos
Big Ambergris Cay
Turks Island Passage
Turks Islands
Northwest Cay
Little Inagua I.
Northeast Pt.
Great Inagua I.
Northwest Pt.
L. Rosa
Bahamas Nat. Trust Park
Matthew Town
Southwest Pt.
Southeast Pt.
Sabana
P.N. A.d.Humboldt
Cayo Güin
Baracoa
Jamal
Maisí
Pta. de Quemados
La Máquina
Jauco
Paso de los Vientos
Passe du Vent
-5h Gr.Time
-4h Gr.Time
Île de la Tortue
Pte. Quest
Palmiste
Port-de-Paix
Le Borgne
Cap-Haïtien
Jean Rabel
Anse Rouge
Gros-Morne
Les Trois Rivières
Limbé
Acul du Nord
Milot
Caracol
Fort Liberté
Terrier Rouge
La Plateforme
Eau de Boynes
La Citadelle
Dondon
Vallières
Ennery
Gonaïves
St. Michel de l'Attalaye
P.N. Monte Christi
Monte Cristi
Villa Vázquez
Guayubín
Mao
Dajabón
Sabaneta
Loma de Cabrera
Cordillera
Restauración
Golfe de la Gonâve
DAYTI
Villard
Montagnes Noires
Hinche
Los Palos
Bánica
St. Marc
Pte. Riv. de l'Artibonite
Pointe des Lataniers
Canal de St-Marc
Île de la Gonâve
Montrouis
Mirebalais
Arcahaie
Thomonde
Matayaya
San Juan
Belladère
Canal du Sud
Anse-à-Galets
PORT-AU-PRINCE
Trianon
La Toison
Sierra de Neiba
La Descubierta
Neiba
Vicente Noble
Villarpando
Jérémie
Roseaux
Corail
Grande Cayemite
Anse-à-Veau
Baradères
Pétionville
Kenscoff
Massif du Sud ou de la Hotte
Miragoâne
Petit Goâve
Léogâne
La Visite
Jimaní
Lago Enriquillo
Tiburon
Maniche
L'Asile
Aquin
Bainet
Massif de la Selle
Cabral
Barahona
Côteaux
Port Salut
Les Cayes
Île-à-Vache
Fouquet
Jacmel
Marigot
Bollo Anse
S. de Baoruco
HAÏTI
Pedernales
Cabo Falso
o P. Agujas
Oviedo
Hispaniola
Isla Beata
Cabo Beata
P.N. Jaragua

-4h Gr.Time
A
B
C
143
Silver Bank
Navidad Bank
1
2
3
P.N. Monte Christi
Monte Cristi
Villa Vázquez
Bahía de la Isabela
Ruinas de la Isabela
Cabo Isabela
Luperón
Puerto Plata
Sosúa
Cabarete
Río San Juan
Cabrera
Bahía Escocesa
La Isabela
Los Cinuelos
Guayubín
Dajabón
Mao
Sabaneta
Bisonó
Moca
Loma de Cabrera
SANTIAGO D. L. CABALLEROS
Salcedo
Nagua
Cabo Samaná
Pen. Samaná
Samaná
Gran Bahía
Bahía de Samaná
La Vega
SAN FRANCISCO DE MACORÍS
Restauración
Los Palos
Bánica
Thomonde
Matayaya
Belladère
Cordillera Central
Cord. Septentrional
Cord. Oriental
P.N. Armando Bermúdez
P.N. José del Carmen Ramírez
Jarabacoa
Bonao
Cotui
Cruce de la Jagua
Los Haitises
Sabana de la Mar
Miches
Hato Mayor
El Seibo
El Macao
Constanza
Maimón
Monte Plata
Bayaguana
San Juan
Yamasá
Llanura Oriental
Higüey
Punta Cana
Sierra de Neiba
La Descubierta
Villarpando
San José de Ocoa
Boca Chica
Baley
Guerrero
Boca de Yuma
Neiba
Vicente Noble
Los Jobillos
Sierra de Ocoa
Azua
San Cristóbal
STO. DOMINGO
S. Pedro de Macorís
LA ROMANA
Lago Enriquillo
P.N.
Sa. de Baoruco
Rosario
Bahía de Ocoa
Baní
Bajos de Haina
Sabana Grande de Palenque
Pta. Palenque
Bahía de Yuma
P.N. del Este
Isla Saona
Cabral
Barahona
Pedernales
Falso
Oviedo
Mona Passage
REPUBLICA DOMINICANA
Isla Beata
Cabo Beata
P.N. Jaragua
Hispaniola
Mar Caribe
50 km

New Providence Island
4
5
6
Sandport Bay
Cable Beach
Sandals Royal Bah.
Delaporte Point
Cable Beach Manor H.
Rock Point
Caves Point
Cable Beach S.C.
West Bay S.C.
Cable Beach
Northwest Point
Traveler's Rest
West Bay Street
The Caves
Coral Gardens
Gambier Village
Tropical Gardens
Old Fort Point
Love Beach
John F. Kennedy Drive
Road
Old Fort Bay
Old Fort
Windsor
Creek Point
Nassau International Airport
Mt. Pleasant Marina
Lake Killarney
Lyford Cay
Western Road
Simms Point
Lyford Cay Golf Course
Mt. Pleasant
Western Road
Clifton Point
Clifton Pier
Ocean Hole
Coral Harbour Drive
South Ocean Country Club
South Ocean Resort
Clifton House (Ruins)
South West Road
Adelaide Village
Adelaide Road
Carmichael Road
Clifton Bay
Old Fort (Ruins)
Adelaide Beach
Corry Sound
Coral Heights
Bacardi Rum Distillery
Coral Harbour Golf Course
Shopping Centre
Millars Sound
South West Bay
Coral Harbour
Royal Bahamas Defence Base
Millars Boat Harbour
Guana Cay
1 mi
1 km
© Berndtson & Berndtson

Puerto Rico
(U.S.)
SAN JUAN
BAYAMON
CAROLINA
Arecibo
Aguadilla
Aguada
Punta Higüero
Rincón
Añasco
MAYAGÜEZ
Maricao
San Germán
Boquerón
Cabo Rojo
Parguera
Guánica
Yauco
La Caguana
Utuado
Lares
S.Sebastian
Isabela
Camuy
La Cueva del Indio
Vega Baja
Dorado
Cataño
Manati
Corozal
Ciales
Comerio
Barranquitas
Aibonito
Cayey
Coamo
PONCE
Santa Isabel
Isla Morrillito
Guaynabo
Gurabo
Juncos
Caguas
San Lorenzo
Yabucoa
Patillas
Guayama
Humacao
Naguabo
Luquillo
Fajardo
Cabezas de San Juan
Yunque
Dos Bocas
Cordillera Central
Pta. Puerca
Isla de Culebra
Dewey
Isla de Vieques
Isabel II
Vieques Passage
Punta Guilarte
Caribbean Sea
50 km

Long Cay
Silver Cay
Brown's Point
Saunder's Beach
Arawak Cay
Colonial Beach
Paradise Beach
Atlantis Paradise Island Resort & Casino
Pirates Cove
ITT Sheraton Grand Hotel
Sunrise Beach Club
Ocean Club
Cabbage Beach
Salt Cay
The Narrows
Hanover Sound
Marriott Casino and Resort
British Colonial Beach Resort
Club Med
Paradise (Hog) I.
Paradise Isl. Golf Course
Paradise Island Airport
Bay View Village
Versailles Gardens
Yacht Haven
Sea Gardens
West Bay St.
Beach Hotel
Fort Charlotte
Bay St.
Straw Market
Shirley
East Bay St.
Fort Fincastle
BOYD
GREATER CHIPPINGHAM
Cable Beach Golf Course
J.F.K. Blvd.
OAKES FIELD
Government Building
Rosalee's
CENTREVILLE
Dunmore Village
Queen's College
The Retreat
Fort Montagu
Montagu Beach
Dicks Point
Athol Island
NASSAU
Wulff St.
Village S.C.
Eastern Rd.
STAPLETON GARDENS
Oakes Field Golf Course
ENGLERSTON
Town Centre Mall
Robinson Rd.
Independence Drive
Regency Park
Sandilands Village
Blackbeard's Tower
Creek Village
Camperdown
Oakes Field Airfield
Harold Rd.
Gladstone Farms
Harold Pond
Highbury Park
Prince Charles S.C.
St. Augustinex Monastery
Fox Hill Village
Winton Heights
East End Point
Wilson Pond
Golden Gates
Golden Gates S.C.
KENSINGTON GARDENS
GLENISTON GARDENS
Drive in Theatre
Prince Charles Drive
Winton Meadows
SUNSHINE PARK
South Breeze Estates
NASSAU EAST
EASTERN ESTATES
Winton S.C.
Culberts Point
Pinewood Gardens Estates
Yamacraw Hill Road
Yamacraw Hill Estates
Culberts Bay
Carmichael Road
SOUTH BEACH ESTATE EAST
Millar Heights
Malcolm Creek
Yamacraw Beach
Port New Providence
SOUTH BEACH ESTATE WEST
Cow Pen Road
South Beach Rd.
Long Point
South Beach
Bonefish Pond
ATLANTIC OCEAN
Cay Point
Gladstone Road
Blue Hill Road
East Street
Nassau Street
Fox Hill Rd.

A
B
C
1
2
3
4
5
6
USA
Florida
Stuart
Mayaca
West Palm Beach
Lake Worth
Delray Beach
Boca Raton
Deerfield Beach
Margate
Pompano Beach
FT. LAUDERDALE
Carol City
HOLLYWOOD
HIALEAH
Hallandale
Miami Beach
MIAMI
Kendall
C. Florida
Biscayne Nat.Park
Biscayne Bay
Elliott Key
Key Largo
Keys
Straits of Florida
Estrechos de la Florida
Bimini Islands
North Bimini
Alice Town
South Bimini
Cat Cays
Brown's Cay
Great Isaac
Orange Cay
Northwest Providence Channel
Great Sale Cay
West End
Freeport
High Rock
Grand Bahama Island
McLean's Town
Cooper's Town
Marsh Harbour
Hard Bargin
Moore's I.
Gorda Cay
Sandy Pt.
Cornwall
Abaco I.
Hole in the Wall
Southwest Point
Cherokee Sound
Great Harbour Cay
Bullock's Harbour
Hoffmans Cay
Berry Islands
Little Harbour
Chub Cay
Bonds Cay
Whale Cay
Joulter Cays
Northeast Providence Channel
Royal I.
The Current
Nichols Town
Mastic Point
New Providence I.
Paradise I.
NASSAU
Coral Heights
Middle Ground
Andros Island
Williams I.
Staniard Creek
Andros Town
Highbourn Cay
AUTEC (U.S. Navy) research center
Wide Opening
Big Wood Cay
Exuma Cays Land and Sea Park
Exuma
Congo Town
Kemps Bay
Green Cay
South Andros I.
Cistern Pt.
Curly Cut Cays
Great Bahama Bank
Damas Cays
Cay Sal
Anguilla Cays
Santaren Channel
Nicholas Channel
Archipiélago de Sabana
Quintin Banderas
Isabela de Sagua
Sagua la Grande
Sitiecito
Cayo Fragoso
Cifuentes
El Santo
Calabazar d. Sagua
Caibarién
Cayo Guillermo
Remedios
Bahía Buena Vista
Cruces
SANTA CLARA
Ranchuelo
Yaguajay
Pta. Alegre
Cayo Coco
Archipiélago de Camagüey
Guinchos Cay
Cay Lobos
Cayo Romano
Placetas
Cumanayagua
Manicaragua
Jarahueca
Chambas
Bolivia
CIENFUEGOS
Fomento
La Rana
Morón
Cabaiguán
Jatibonico
Santa Ana
Sancti Spíritus
Ciego de Ávila
Esmeralda
Cayo Guajaba
Trinidad
Banao
Majagua
La Sierpe
S. Pablo
Brasil
Jiquí
Pta. Maternillos
Cayo Sabinal
Derrama-dero
Colorado
Banao
Sola
Paso de Lesca
Nuevitas
Club Mayanabo
Tunas de Zaza
Manatí
La Jagua
Florida
Minas
San Miguel de Baga
Golfo de Ana María
Playa de Florida
La Vallita
CAMAGÜEY
Sibanicú
Cascorro
Manatí
Pto. Padre
Vázquez
Cayos Cinco Balas
Vertientes
Cuatro Caminos
Guáimaro
Las Tunas
Cayo Grande
La Palmarita
Colombia
Gastón
Cayo Caballones
Cándido González
Cubitas
Jobabo
Buenaventura
Cayos Anclitas
Amancio
Vado del Yeso
Cauto
Sta. Cruz del Sur
Guayabal

141

D
E
F
1
2
3
4
5
6
50 km
4130
5306
5968
3847
ATLANTIC
OCEAN
Eleuthera I.
Governor's Harbour
THE BAHAMAS
Rock Sound
4645
Bannerman Town
Northeast Pt.
Arthur's Town
5494
East End Pt.
Little San Salvador I.
Cat Island
New Bight
Moss Town
4206
1723
Port Howe
Black Point
White Cay
San Salvador
(Guanahani I.)
Cockburn Town
Columbus Monument
Southwest Pt.
Concepción I.
Cape Santa Maria
Sound
Rolleville
Elizabeth Harbour
Stocking I.
Burnt Ground
William's Town
Millerton
Simms
Rum Cay
(Mamana I.)
Port Nelson
Tropic of Cancer
4540
Great Exuma Island
George Town
Little Exuma I.
Hog Cay
Long Island
4702
4316
Deadman's Cay
Jumentos Cays
Water Cay
Clarence Town
Mortimers
2337
White Cliff
Samana Cay
Bird Rock Lighthouse
Crooked Island
2457
South Pt.
Pitts Town
Colonel Hill
Pinefield
Plana Cays
3357
Long Cay
Albert Town
Bight of Acklins
Indian Community
Snug Corner
13
Passage
Abraham's Bay
Betsy Bay
Devil's Pt.
Ragged Island Range
Raccon Cay
Duncan Town
Little Ragged I.
1425
Salina Pt.
Acklins I.
Mayaguana
Castle I.
Mira por vos Cays
Mira por vos Passage
Lloyd Rock
(The Brothers)
Cay Verde
783
Cay Santo Domingo
Northwest Cay
Little Inagua I.
UBA
Malagueta
18
1962
476
3250
Northeast Pt.
Great Inagua I.
2840
Gibara
Guardalavaca
C. Lucrecia
Northwest Pt.
Bahamas Nat. Trust Park
Auras
Banes
Rafael Freyre
Tacajó
B. de Banes
Matthew Town
Southeast Pt.
Antilla
HOLGUÍN
B. de Nipe
Cayo Mambí
Moa
Báguanos
Cacocum
444

143

KARTENLEGENDE

Autobahn, mehrspurige Straße - in Bau Highway, multilane divided road - under construction		Autoroute, route à plusieurs voies - en construction Autopista, carretera de más carriles - en construcción
Fernverkehrsstraße - in Bau Trunk road - under construction		Route à grande circulation - en construction Ruta de larga distancia - en construcción
Hauptstraße Principal highway		Route principale Carretera principal
Nebenstraße Secondary road		Route secondaire Carretera secundaria
Fahrweg, Piste Practicable road, track		Chemin carrossable, piste Camino vecinal, pista
Straßennummerierung Road numbering	13 BR 230 1	Numérotage des routes Numeración de carreteras
Entfernungen in km Distances in km	259 130 129	Distances en km Distancias en km
Höhe in Meter - Pass Height in meters - Pass	1365	Altitude en mètres - Col Altura en metros - Puerto de montaña
Eisenbahn Railway		Chemin-de-fer Ferrocarril
Autofähre - Schifffahrtslinie Car ferry - Shipping route		Bac autos - Ligne maritime Transportador de automóviles - Ferrocarriles
Wichtiger internationaler Flughafen - Flughafen Major international airport - Airport		Aéroport important international - Aéroport Aeropuerto importante internacional - Aeropuerto
Internationale Grenze - Bundesstaatengrenze International boundary - federal boundary		Frontière nationale - Frontière fédérale Frontera nacional - Frontera federal
Unbestimmte Grenze Undefined boundary		Frontière d'État non définie Frontera indeterminada
Zeitzonengrenze Time zone boundary	-4h Greenwich Time -3h Greenwich Time	Limite de fuseau horaire Límite del huso horario
Hauptstadt eines souveränen Staates National capital	BOGOTÁ	Capitale nationale Capital de un estado soberano
Hauptstadt eines Bundesstaates State capital	BOA VISTA	Capitale d'un état fédéral Capital de estado
Sperrgebiet Restricted area		Zone interdite Zona prohibida
Indianerreservat - Nationalpark Indian reservation - National park		Réserve d'indiens - Parc national Reserva de indios - Parque nacional
Sehenswertes Kulturdenkmal Interesting cultural monument	*Uxmal*	Monument culturel intéressant Monumento cultural de interés
Sehenswertes Naturdenkmal Interesting natural monument	*Agua Azul Cascades*	Monument naturel intéressant Monumento natural de interés
Brunnen, Salzsee Well, Salt lake		Puits, Lac salé Pozo, Lago salado
Ausflüge & Touren Trips & Tours		Excursions & tours Excursiones & rutas
MARCO POLO Highlight	1	MARCO POLO Highlight

FÜR IHRE NÄCHSTE REISE ...

ALLE **MARCO POLO** REISEFÜHRER

DEUTSCHLAND

Allgäu
Bayerischer Wald
Berlin
Bodensee
Chiemgau/ Berchtesgadener Land
Dresden/ Sächsische Schweiz
Düsseldorf
Eifel
Erzgebirge/ Vogtland
Föhr/Amrum
Franken
Frankfurt
Hamburg
Harz
Heidelberg
Köln
Lausitz/ Spreewald/ Zittauer Gebirge
Leipzig
Lüneburger Heide/ Wendland
Mecklenburgische Seenplatte
Mosel
München
Nordseeküste Schleswig-Holstein
Oberbayern
Ostfriesische Inseln
Ostfriesland/ Nordseeküste Niedersachsen/ Helgoland
Ostseeküste Mecklenburg-Vorpommern
Ostseeküste Schleswig-Holstein
Pfalz
Potsdam
Rheingau/ Wiesbaden
Rügen/Hiddensee/ Stralsund
Ruhrgebiet
Sauerland
Schwarzwald
Stuttgart
Sylt
Thüringen
Usedom
Weimar

ÖSTERREICH SCHWEIZ

Berner Oberland/ Bern
Kärnten
Österreich
Salzburger Land
Schweiz
Steiermark
Tessin
Tirol
Wien
Zürich

FRANKREICH

Bretagne
Burgund
Côte d'Azur/ Monaco
Elsass
Frankreich
Französische Atlantikküste
Korsika
Languedoc-Roussillon
Loire-Tal
Nizza/Antibes/ Cannes/Monaco
Normandie
Paris
Provence

ITALIEN MALTA

Apulien
Dolomiten
Elba/Toskanischer Archipel
Emilia-Romagna
Florenz
Gardasee
Golf von Neapel
Ischia
Italien
Italienische Adria
Italien Nord
Italien Süd
Kalabrien
Ligurien/Cinque Terre
Mailand/ Lombardei
Malta/Gozo
Oberital. Seen
Piemont/Turin
Rom
Sardinien
Sizilien/Liparische Inseln
Südtirol
Toskana
Umbrien
Venedig
Venetien/Friaul

SPANIEN PORTUGAL

Algarve
Andalusien
Barcelona
Baskenland/ Bilbao
Costa Blanca
Costa Brava
Costa del Sol/ Granada
Fuerteventura
Gran Canaria
Ibiza/Formentera
Jakobsweg/ Spanien
La Gomera/ El Hierro
Lanzarote
La Palma
Lissabon
Madeira
Madrid
Mallorca
Menorca
Portugal
Spanien
Teneriffa

NORDEUROPA

Bornholm
Dänemark
Finnland
Island
Kopenhagen
Norwegen
Oslo
Schweden
Stockholm
Südschweden

WESTEUROPA BENELUX

Amsterdam
Brüssel
Cornwall und Südengland
Dublin
Edinburgh
England
Flandern
Irland
Kanalinseln
London
Luxemburg
Niederlande
Niederländische Küste
Schottland

OSTEUROPA

Baltikum
Budapest
Danzig
Krakau
Masurische Seen
Moskau
Plattensee
Polen
Polnische Ostseeküste/ Danzig
Prag
Slowakei
St. Petersburg
Tallinn
Tschechien
Ukraine
Ungarn
Warschau

SÜDOSTEUROPA

Bulgarien
Bulgarische Schwarzmeerküste
Kroatische Küste/ Dalmatien
Kroatische Küste/ Istrien/Kvarner
Montenegro
Rumänien
Slowenien

GRIECHENLAND TÜRKEI ZYPERN

Athen
Chalkidiki/ Thessaloniki
Griechenland Festland
Griechische Inseln/ Ägäis
Istanbul
Korfu
Kos
Kreta
Peloponnes
Rhodos
Samos
Santorin
Türkei
Türkische Südküste
Türkische Westküste
Zákinthos/Itháki/ Kefalloniá/Léfkas
Zypern

NORDAMERIKA

Alaska
Chicago und die Großen Seen
Florida
Hawai'i
Kalifornien
Kanada
Kanada Ost
Kanada West
Las Vegas
Los Angeles
New York
San Francisco
USA
USA Ost
USA Südstaaten/ New Orleans
USA Südwest
USA West
Washington D.C.

MITTEL- UND SÜDAMERIKA

Argentinien
Brasilien
Chile
Costa Rica
Dominikanische Republik
Jamaika
Karibik/ Große Antillen
Karibik/ Kleine Antillen
Kuba
Mexiko
Peru/Bolivien
Venezuela
Yucatán

AFRIKA UND VORDERER ORIENT

Ägypten
Djerba/ Südtunesien
Dubai
Israel
Jordanien
Kapstadt/ Wine Lands/ Garden Route
Kapverdische Inseln
Kenia
Marokko
Namibia
Rotes Meer/Sinai
Südafrika
Tansania/ Sansibar
Tunesien
Vereinigte Arabische Emirate

ASIEN

Bali/Lombok/Gilis
Bangkok
China
Hongkong/Macau
Indien
Indien/Der Süden
Japan
Kambodscha
Ko Samui/ Ko Phangan
Krabi/Ko Phi Phi/ Ko Lanta
Malaysia
Nepal
Peking
Philippinen
Phuket
Shanghai
Singapur
Sri Lanka
Thailand
Tokio
Vietnam

INDISCHER OZEAN UND PAZIFIK

Australien
Malediven
Mauritius
Neuseeland
Seychellen

Viele MARCO POLO Reiseführer gibt es auch als eBook – und es kommen ständig neue dazu!
Checken Sie das aktuelle Angebot einfach auf: www.marcopolo.de/e-books

REGISTER

In diesem Register sind alle im Reiseführer erwähnten Sehenswürdigkeiten und Ausflugsziele aufgeführt. Gefettete Seitenzahlen verweisen auf den Haupteintrag.

BAHAMAS

CAYMAN ISLANDS

DOMINIKANISCHE REPUBLIK

HAITI

JAMAIKA

KUBA

PUERTO RICO